Tage in Kunduz

Werner Böhmert

Tage in Kunduz

Als deutscher Polizeiberater in Afghanistan

Bibliografische Information der Deutschen Nationalbibliothek:
Die Deutsche Nationalbibliothek verzeichnet diese Publikation in der Deutschen Nationalbibliografie; detaillierte bibliografische Daten sind im Internet über http://dnb.dnb.de abrufbar.

© 2013 Name des Autors/Rechteinhabers **Werner Böhmert**

Fotos: **Werner Böhmert**

Herstellung und Verlag: BoD – Books on Demand, Norderstedt

ISBN: 978-3-7322-3100-3

Inhalt

Einleitung	7
Vorgeschichte	9
Warum nach Afghanistan?	11
Kunduz	15
Provincial Reconstruction Team (PRT)	19
Außendienst und Begegnungen	29
Projekte und Ausstattungshilfen	37
Sachstand Polizei 2004	50
Regional Training Centre (RTC)	61
Projekt Alphabetisierung der Polizei	64
Präsidentenwahl 2004	67
Gewalt, Anschläge, Tod	70
Grenzerfahrungen	76
Land, Leute, Helfer	97

Zeit der Ruhe und Besinnung	111
Lufttransport	113
Stiller Abschied	115
AFG ohne Polizei (Artikel USA 2006)	117
Leserbrief an das Magazin "Stern" 2009	130
Fotografien	132
Nachbetrachtungen	144

Einleitung

Lieber Leser, liebe Leserin,

ich möchte Ihnen mit den Erinnerungen an meine aktive Dienstzeit im Nordosten Afghanistans von Februar 2004 bis Februar 2005 einen kleinen Einblick geben in das Arbeitsleben eines Polizeiberaters zu damaliger Zeit.

Das Thema Afghanistan hat mich nicht nur während meiner aktiven Dienstzeit als Polizeivollzugsbeamter des Landes Niedersachsen mit einigen Auslandserfahrungen sondern auch nach meiner Pensionierung weiterhin intensiv beschäftigt. Vielleicht gelingt es mir, Ihr Interesse an diesem immer noch interessanten Thema zu wecken, bereits vorhandene Kenntnisse zu vertiefen oder das sich verfeinernde Wissen um die Vergangenheit mit in die Beurteilung von Gegenwart und die Erwartungen an die Zukunft einzubeziehen.

Insbesondere die verstärkt im Jahre 2012 einsetzende sukzessive Übergabe der Sicherheitsverantwortung an die nationale Polizei und an die nationale Armee mit Hinblick auf die beabsichtigte Verringerung der internationalen Präsenz bis Ende 2014 zeigt die Aktualität der Ereignisse.

Ich habe bewusst aus Gründen des Persönlichkeitsschutzes auf die Nennung von Namen und Dienstgraden verzichtet - und das nicht nur für den Polizeibereich und lokal Beschäftigte. "Wir", das waren zu Beginn erfahrene Kollegen und Kolleginnen aus Baden - Württemberg, von der Bundespolizei , vom Bundeskriminalamt, aus Mecklenburg-Vorpommern, Niedersachsen, Rheinland-Pfalz.

Ich schrieb damals kein minutiöses Tagebuch und hinterlasse keine langen Briefe, sondern verstehe meine Erinnerungen als eine Art Gedächtnisprotokoll, dass ich mit eigenen alten handschriftlichen Notizen nach dem Grundsatz *keep it short and simple* etwas auffrischen konnte. Ein Hang zur Verklärung oder Veteranenromantik liegt mir fern. Auch nach einem derartigen Einsatz gilt bis auf weiteres eine Form der Amtsverschwiegenheit weiter, wie sie bei den Vereinten Nationen (UN), der Europäischen Union (EU) und aufgrund der einschlägigen Beamtengesetze der Länder und des Bundes üblich ist. Ich möchte daher um Verständnis bitten , dass dieser Teil der Erlebnisse nur als Nichtgeschriebenes mitschwingt.

Bitte erwarten Sie keine blumigen Schilderungen, bunten Sprachgemälde oder Erzählungen aus 1001er Nacht . Die Umstände verdienen eine gewisse Nüchternheit.

Vorgeschichte

Es war der 11. September 2001, als ich mit US - amerikanischen und anderen ausländischen Kollegen am Fernseher im Hauptquartier der UNMIK -Police (United Mission In Kosovo - Police) in Pristina den Fall der Twin - Tower in New York erleben musste. Zu dieser Zeit arbeitete ich im Rahmen der Polizeimission der UN für die Zentralabteilung *Interne Ermittlungen*.

Die Betroffenheit war allenthalben deutlich zu spüren ,und keiner hatte Zweifel, dass sich aufgrund der Vorgeschichte und den Erkenntnissen in den folgenden Monaten in Afghanistan etwas „tun werde". Neben einem zeitnahen und zügigen militärischen Vorgehen durfte davon ausgegangen werden, dass auch eine polizeiliche Komponente mit deutscher Beteiligung in diesem Nachkriegsszenario zum Einsatz kommen könnte.

Entsprechende Erfahrungen lagen bereits aus den Ereignissen in Bosnien-Herzegovina (ab 1996) und Kosovo (ab 1999) im Zuge der Rückkehr in eine Zivilgesellschaft vor. Im Rahmen eines UN-Mandats rückten nach Befriedung der Lage durch militärische Maßnahmen die verschiedensten Organisation für den Neuaufbau beziehungsweise Wiederaufbau der Infrastruktur nach und übernahmen die entsprechenden Aufgaben.

Dazu gehörte auch der Aufbau der Polizei mit einer eigenen und selbständig arbeitenden Organisation unter dem Dach des Innenministeriums. Albanien hatte einen ähnlichen Weg beschritten, als es im Frühjahr 1997 wegen der so genannten Pyramiden-Betrugsaffäre, die große Teile der Bevölkerung um ihr Erspartes brachte, zu internen Unruhen gegen den Staatsapparat, insbesondere gegen Militär und Polizei, kam.

Die damalige WEU (West Europäische Union) übernahm den Wiederaufbau und die Ausbildung der Polizei im Innenministerium und an der Polizeiakademie in Tirana.

Warum nach Afghanistan?

Sollten es nicht doch die „Anderen", wer auch immer es sein sollte oder gemeint war, machen? Gab es nicht andere asiatische Staaten und besonders die Nachbarstaaten wie Iran, Turkmenistan, Uzbekistan, Tadschikistan, China oder Pakistan, die diese Aufgabe auch hätten erledigen können?

Was wollten Europäer oder einfach nur Fremde in Afghanistan? Das Britische Empire war dort bereits mehrmals gescheitert. Letztendlich musste es nach dem Dritten Anglo-Afghanischen Krieg am 8. August 1919 im Vertrag von Rawalpindi die Souveränität und Eigenstaatlichkeit Afghanistans anerkennen.

Siebzig Jahre später waren auch die sowjetischen Truppen nach zehn Jahren Besatzung gescheitert und zogen sich auf ihr Territorium zurück.

Lassen wir doch einmal einen lokalen Bürgermeister zu Wort kommen, der mir gegenüber erklärte, der heroische Kampf der Afghanen gegen die sowjetischen Truppen und deren erzwungener Rückzug habe mit zur Destabilisierung der Sowjetunion und letztendlich auch zur Vereinigung Deutschlands beigetragen.

Wie sagte mir später einmal ein afghanischer Bauer: „ Du kannst mir meine Kuh stehlen oder mein Haus niederbrennen, aber meine Freiheit nimmst Du mir nicht!" Das war der gemeinsame Nenner , der über innere Zwistigkeiten zwischen den einzelnen Volksgruppen hinweg den freiheitlichen Drang zur Eigen- und Selbständigkeit offenbarte und von den *Invasoren und Eingeladenen* unterschätzt wurde.

Deutschland unterhielt bereits seit den Zwanzigerjahren des 20. Jahrhunderts enge diplomatische, wirtschaftliche und kulturelle Verbindungen zu Afghanistan und beteiligte sich insbesondere nach dem Zweiten Weltkrieg beispielsweise neben der Gewerbeschule in Kabul an der Aus- und Fortbildung von Polizeipersonal. Während der sowjetischen Besatzungszeit ab Ende 1979 bis 1989 wurden Polizeiangehörige auch in der damaligen Sowjetunion und in der DDR ausgebildet.

Auf Grundlage des Petersberger Abkommens von 2001 vereinbarten die Bundesrepublik Deutschland und die Islamische Republik Afghanistan in einem bilateralen Vertrag die Tätigkeit deutscher Polizeibeamter und -beamtinnen. Im Jahr 2002 begann die Arbeit zunächst in Kabul unter anderem mit dem Bau der dortigen Polizeiakademie und der Ausbildung von Offizieren. Mit Beginn des Jahres 2004 wurden die Außenstellen in Herat Richtung der iranischen Grenze und in Kunduz im Nordosten eingerichtet und besetzt.

Was trieb „uns" Polizeibeamte nun ausgerechnet dazu, in einem mittlerweile scheinbar befriedeten fremden Land mit unterschiedlicher Kultur, anderer Religion , wechselvoller Geschichte, vermintem Terrain und dann noch weit entfernt von zu Hause arbeiten zu wollen?

Ein Ausbilder im Vorbereitungsseminar für den Einsatz in Afghanistan formulierte und provozierte irgendwann einmal, man müsse schon „verrückt" sein, um „dorthin" zu gehen. Vielleicht waren wir alle verrückt im einem positiven Sinne - wer weiß das schon . Die Zeit wird es zeigen. Oder war es doch nur die „unstillbare Sehnsucht nach dem Tod", wie ein Kollege aus einer Stabsdienststelle vor Jahren fragend in den Raum stellte.

Nach meinen Erfahrungen in Bosnien - Herzegovina, im Kosovo und in Albanien hielt ich es nicht für abwegig, auch in Afghanistan unter den dortigen besonderen Bedingungen einen Polizeiaufbau mit anzustoßen und einen kleinen Beitrag für die Stabilität des Landes zu leisten. Das mag zunächst nach Naivität, Weltverbesserung und Abenteuerlust klingen. Meine bisherigen Erkenntnisse lehrten mich jedoch, es trotzdem zu wagen; denn oft waren es die kleinen Schritte und persönlichen Gespräche und nicht die „großen Würfe", um vor Ort etwas umzusetzen und zu bewegen. Letztendlich fand man sich auf diese Weise doch im großen Ganzen wieder.

Die Vorbereitungen in Deutschland in Sachen interkulturelle Kompetenz, Begegnung mit möglichen Gefahren für Leib und Seele wie beispielsweise Krankheiten , Unfälle, Anschläge, extreme Temperaturunterschiede und Wetterverhältnisse, Minengefahr, Trennung von der Familie, Umgang mit Gerüchten, Leben in Gemeinschaftsunterkünften auf engem Raum, Teamfähigkeit und vieles mehr bildeten meines Erachtens eine geeignete Grundlage für eine spätere Handlungssicherheit vor Ort.

Jeder musste letztendlich seine eigenen Erfahrungen machen . Es war Kameradenpflicht, einen Kollegen oder eine Kollegin auf vermeintliche oder festgestellte Verhaltensauffälligkeiten hin anzusprechen. Letztendlich waren wir eine Gefahrengemeinschaft. Jeder sollte sich auf den Anderen verlassen dürfen.

Kunduz

Wir reisten von Köln-Wahn mit einer Luftwaffenmaschine nach Termez in Uzbekistan, um nach einer Übernachtung von dort ins benachbarte Afghanistan zu fliegen.

Als meine Kollegin und ich Ende Februar 2004 auf dem südlich der Stadt gelegenen Flugplatz im nordafghanischen Kunduz (auch: Kundus, Qhunduz) aus der Transall der Bundeswehr stiegen, begrüßte mich als erstes neben dem Vorfeld das Gerippe eines weißlackierten VW-Käfers. Die Reste eines abgewrackten Reisebusses leisteten Gesellschaft.

Unwillkürlich kam mir ein afghanisches Wort in den Sinn, auf das ich irgendwann beim Lesen von Literatur und Informationen über das zukünftige Einsatzland aufmerksam geworden war und das da sinngemäß lautete: „Nach Kunduz geht man nur zum Sterben".

Wie ich erfuhr, bezog sich diese Aussage wohl hauptsächlich auf die Zeit Ende des 19. und Anfang des 20. Jahrhunderts, als mit der zunehmenden Besiedlung in dieser Gegend begonnen wurde und es in und um Kunduz noch Sümpfe und stehende Gewässer gab. Damals forderte die Malaria unter der Bevölkerung Jahr für Jahr eine hohe Zahl von Opfer.

Mit der einsetzenden Urbarmachung der flussnahen fruchtbaren Gebiete und den verbesserten Vorbeugungs- und Behandlungsmethoden verringerte sich die Todesrate über die Jahrzehnte. Die penibel geführten Unterlagen im Krankenhaus von Kunduz gaben ein beeindruckendes Zeugnis über den Krankenstand der Bevölkerung.

Zu erwähnen wäre noch die Leishmaniose, eine weitere Geißel der Bevölkerung. Bei einer Form dieser Krankheit verursachen Stiche durch Sandmücken(-flöhe) auf der Haut die Bildung von Beulen. Die später abheilenden Beulen hinterließen hässliche bis zur Entstellung führende Narben. Hiervon waren nicht wenige Kinder betroffen.

Internationalen Quellen zufolge hatte Afghanistan allgemein eine der höchsten Kindersterblichkeitsraten weltweit. Die durchschnittliche Lebenserwartung lag bei etwa 50 Jahren. Soweit die Statistik.

Mit Blick auf die Malariaprophylaxe hielten wir uns an die Empfehlungen der Bundeswehr. Neben der regelmäßigen Einnahme eines Medikamentes bedeckten wir Arme und Beine. Letzteres half auch gegen die Sandflöhe, die sich angeblich nur bis zu einer Höhe von 1,5 m bewegten. In den Bereichen der Unterkünfte standen einige Fliegenfallen.

Tatsächlich fanden sich vereinzelt Malariafliegen in den Behältern und bestätigten durch ihre Anwesenheit die Notwendigkeit einer Vorsorge. In Kabul auf etwa 1800 m Höhe war derlei nicht zu befürchten.

Dass der Spruch vom Sterben in Kunduz in einem anderen übertragenen Sinn Wirklichkeit werden sollte, wurde uns im Verlauf der folgenden zwölf Monate unseres Missionsaufenthaltes im Norden und im Nordosten des Landes noch sehr eingehend und leidvoll vor Augen geführt.

Der Basar in der Innenstadt bildete das Geschäftszentrum. Der Gewürzmarkt als auch der Fleischmarkt waren in überdachten Seitenarmen und Nebengebäuden am zentralen Platz untergebracht. Die Teppichhändler belegten eine Straßenseite, die andere Straßenseite beherrschten die Händler mit Elektroniksachen.

Die Schmiede hatten sich in einer weiteren Straße niedergelassen und fertigten aus vielerlei Restmetall und Blechen kleine Heizöfen, Sicheln, Messer, Zaunelemente und vieles mehr. Überwiegend standen Kinder am offenen Feuer und bedienten den Blasebalg.

Da Kunduz im Gegensatz zu Taloqan, Feyzabad und Pol–i Komri über keinerlei Umgehungsstraßen verfügte, musste sich neben dem örtlichen Zielverkehr auch der Überlandverkehr durch das Stadtinnere zwängen.

Die zentrale Kreuzung verteilte den Überlandverkehr in Richtung Taloqan in der Provinz Tahar und darüber hinaus nach Feyzabad in der Provinz Badakhshan , zum Grenzübergang Shir Khan und nach Enam Saheb im Norden der Provinz Kunduz , nach Pol–i Komri und weiter nach Kabul als auch innerstädtisch beispielsweise zum Sitz des Gouverneurs, der Provinzpolizei, des Gerichts und des Gefängnisses.

Mit zunehmender Ortskenntnis konnten wir mit unseren Fahrzeugen dieses Nadelöhr umfahren. Das galt nicht für die schwer beladenen Lkw oder alle Militärkonvois. Der Reiseverkehr wurde weniger mit großen als mit kleineren Bussen abgewickelt.

Das Stadtzentrum mit dem Basar und dem erheblichen Personen- und Fahrzeugaufkommen bot somit ein ideales Angriffsziel für Sprengstoffanschläge jeglicher Art und Ausführung.

Provincial Reconstruction Team (PRT)

Unser Dreipersonen-Team in Kunduz (mit unterschiedlicher Besetzung während meiner zwölfmonatigen Dienstzeit) war eingebettet in das deutsche Regierungs-Projekt *Provincial Reconstruction Team (PRT)*.

Es war beabsichtigt, mit den vor Ort arbeitenden Repräsentanten einzelner Ministerien wie Verteidigungsministerium (BMVg), Auswärtiges Amt (AA), Bundesministerium für Inneres (BMI), Bundesministerium für Wirtschaftliche Zusammenarbeit (BMZ), Synergieeffekte zu nutzen, bürokratische Hürden abbauen und zielgerichtet in enger Zusammenarbeit mit den jeweiligen lokalen gesellschaftlichen Gruppen durch Unterstützungsmaßnahmen und Projekte zügig helfen.

Wie die Erfahrungen zeigen sollten, war das Konzept in dieser Form grundsätzlich geeignet. Friktionen zeigten sich für uns hin und wieder mit lästigen und als nicht zielführend empfundenen Fragestellungen von der „Heimatfront". Zu diesem Thema wurde in Kunduz das Ansinnen des Sachbearbeiters aus einem Ministerium in Deutschland kolportiert, dass man in Vorbereitung eines Ministerbesuches in Afghanistan vor Ort nur Fahrzeuge mit gültiger Hauptuntersuchung (TÜV) und Abgasuntersuchung (AU) anmieten dürfe.

Nun, nicht nur hier vor Ort spielte sich das wahre Leben *zwischen den Zeilen* ab. Die Begleitung des Ministers als auch die Medienvertreter fanden später keinen Anlass zu Fuß gehen zu müssen.

Das PRT-Projekt schien bei einigen deutschsprachigen Hilfsorganisationen oder Einzelinitiativen auf Irritationen zu stoßen. Man sah durch die Anwesenheit des Militärs seine Sicherheit, Unparteilichkeit und Freizügigkeit gefährdet und vermied zunächst die Nähe zu den Einsatzkräften. Im Laufe der Monate hatten wir einige Kontakte, zumal man überrascht war, deutsche Polizeibeamte im Nordosten zu sehen. Hier und da gab es den einen oder anderen, der von seiner Grundeinstellung her etwas gegen Bundeswehr und Polizei oder generell gegen alles Uniformierte hatte. Letztendlich entwickelte sich ein Vertrauensverhältnis. Zudem erhielten wir ergänzende hilfreicheHinweise über örtliche Sitten und Gebräuche und für den Umgang mit der Bevölkerung.

Wir konnten uns von der engagierten, aufopferungsvollen und bemerkenswerten Arbeit der Organisationen überzeugen. Ich nenne hier nur beispielhaft den Bau und Betrieb von Schulen für Mädchen und Jungen im Raum Kunduz-Taloqan, ein Projekt zur Verbesserung der Wasserversorgung in Faizabad , den Bau des neuen Krankenhauses in Kunduz als schwedisch - amerikanisches Projekt, den Betrieb einer Näherei und Weberei mit Kindergarten als Projekt für Kriegerwitwen in Kunduz, Aus- und Fortbildungsmaßnahmen für Beschäftigte im Restaurant- und Hotelgewerbe, Verbesserung und Ausbau landwirtschaftlicher Produktion einschließlich Viehhaltung und Wasserbau. In vielen Fällen waren es kleine und gute Projekte, die den Menschen vor Ort in unkomplizierter Weise halfen.

Die Außendarstellung gegenüber deutschen und internationalen Besuchern fand in der Regel in einem arbeitsteiligen Briefing durch Vertreter der im PRT-Verbund beteiligten Ministerien statt. Im Laufe der Monate wurden die einzelnen Beiträge je nach Bedeutung und Anliegen der Besucher nach Inhalt und Länge modifiziert.

Der US-Botschafter oder der japanische Gesandte mit Gefolge aus Presse, Politik und Wirtschaft sowie hochrangige NATO-Vertreter durften etwas mehr als ein Standardbriefing erwarten. Insbesondere die anschließenden koordinierten und in der Tiefe detailliert vorgetragenen Fragen der US-amerikanischen Seite zum deutschen Engagement und dem Projekt PRT erforderten höchste Aufmerksamkeit und einen geschmeidigen Umgang mit der englischen Sprache. Im Übrigen erfolgten die wöchentlichen Sicherheitsbesprechungen mit Vertretern internationaler Organisationen ebenfalls in Englisch. Der eine oder andere deutsche Teilnehmer hatte noch etwas Nachholbedarf.

Wir halfen uns gegenseitig. Das Erfordernis einer gewissen Sprachgewandtheit durfte nicht unterschätzt werden, konnte man doch durch Rede und Gegenrede demonstrieren, fest im Thema zu stehen.

Im Rahmen der Vorbereitung der Präsidentenwahl kam es während eines Treffens im Feldlager mit Vertretern internationaler Organisationen zu einem nicht nur aus meiner Sicht denkwürdigen Wortwechsel zwischen einer Muttersprachlerin und Vertretern der Bundeswehr sowie unserer Seite. Das mit einem Wortschwall vorgetragene Durchführungskonzept zeigte sich bei näherem Hinsehen und einigen Nachfragen als von wenig Sachverstand getrübt. Die Dame wollte uns vorführen und überrumpeln. Dies misslang gründlich. Weitere Versuche – auch aus anderen Anlässen – wurden nicht mehr unternommen.

Untergebracht waren wir in dem von der Bundeswehr betriebenen Feldlager innerhalb der Stadt Kunduz *(Das neue Feldlager steht mittlerweile am Flugplatz Kundus auf der so genannten Platte).* Das Gelände bestand aus mehreren mit Lehmmauern umgebenen Einzelgrundstücken, die durch entsprechende Mauerdurchbrüche zu einem einheitlichen Gebilde verbunden worden waren.

Während der warmen und heißen Jahreszeit fanden kleine Schlangen in den Mauerritzen ihren Unterschlupf. Es gab so manchen Sichtkontakt auf „Augenhöhe". Lokale Arbeitskräfte hielten vom Frühjahr bis in den Herbst hinein die Rasenflächen innerhalb des Geländes kurz. Die Männer saßen während ihrer Tätigkeit in einer Art Hockstellung und bearbeiteten das Gras mit einer landesüblichen Handsichel. Ab und zu huschte eine Schlange vorbei. Ob jemand jemals gebissen worden war, kam mir nie zu Ohren. Die Männer schienen sehr erfahren.

Eine andere Art der Augenhöhe hatten wir mit dem Minarett der nahegelegen Moschee. Der Ruf zum Gebet über die in luftiger Höhe angebrachten Lautsprecher verdeutlichte uns einen anderen Tages- und Wochenrhythmus. Unser lokaler Sprachmittler erzählte, dass man auch allgemeine Mitteilungen an die Bevölkerung mit Hilfe der Lautsprecher machte, weil insbesondere ärmere Familien weder Zugriff auf Radio, Fernsehen, Zeitung oder Internet hatten.

Das islamische Jahr begann am 21. März. Der Beginn des Fastenmonats Ramadan (Neunter Monat im islamischen Mondkalender) verschiebt sich jedes Jahr in einen anderen Zeitraum. Hinzu kam ein Reihe von religiösen Feiertagen. Der Nationalfeiertag oder Tag der Befreiung wurde in Kunduz des Jahres 2004 Ende April in Form einer grossen Parade mit Teilnehmern aus Militär, allen gesellschaftlichen Schichten , mit Kriegsinvaliden sowie mit örtlichen Würdenträgern gefeiert.

Wir bewegten uns nun in einem anderen Kulturkreis. Interkulturelle Kompetenz mit all ihren Facetten hieß die Anforderung. Der Freitag war der arbeitsfreie Tag. Bereits ab den Mittagsstunden des Donnerstags stand bei der Polizei niemand aus der Leitungsebene für Besprechungen zur Verfügung. Das Wochenende hatte begonnen. In den Abendstunden des Donnerstags herrschte besonders reges Treiben in der Stadt mit erkennbarem Zulauf aus den umliegenden Ortschaften.

Für Neuankömmlinge war ein Flug von Kunduz nach Kabul ins deutsche Projektbüro verpflichtend. Der seit 2002 bewirtschaftete Komplex bot allerlei Annehmlichkeiten und war nach langen und mühevollen Arbeiten zu einem vorzeigbaren und repräsentativen Anwesen gewachsen. Die Nähe zum ISAF- Stützpunkt und zu einigen Botschaften rückte das Quartier allerdings in das Schussfeld einiger Raketen.

Wir erhielten in Kabul durch Fahrlehrer der Bundespolizei eine Einweisung in Sonderfahrzeuge und durften zum krönenden Abschluss unsere erworbenen Fahrfertigkeiten im Straßenverkehr von Kabul unter Beweis stellen. Ein Erlebnis besonderer Art war das Befahren einer für Zweirichtungsverkehr vorgesehenen Straße. Der Verkehr floss uns allerdings aus einer Richtung und auf allen Fahrspuren entgegen. Wir bogen in diese Straße ein, plötzlich wichen uns entgegenkommende Fahrzeuge aus, und wir konnten uns einen Weg bis zur nächsten Kreuzung bahnen.

Etwas Entspannter zeigte sich hingegen das Fahren außerhalb der Innenstadt, etwa zur Polizeiwerkstatt und zur Polizeiakademie, die mit deutscher Hilfe aufgebaut wurden. Am nächsten Tag ging es mit der GAF (German Air Force) wieder zurück ins heimatliche Kunduz.

Für uns *Zivilisten*, so wurden alle Personen genannt, die nicht zur Bundeswehr oder anderen Streitkräften gehörten, errichteten ortsansässige Firmen in einem zugewiesenen Teil des Camps Holzhütten in Leichtbauweise. Aus Vorsicht vor Schlangen, Skorpionen und allerlei anderem Getier stellte man die Hütten auf Betonsockel. Dies hinderte einzelne Skorpione nicht daran, sich bis in das Hütteninnere und in die leeren Einsatzstiefel und Schuhe vorzuarbeiten. Moskitonetze vor den Türen verhinderten mehr oder minder den Zuzug neuer Mitbewohner. Wand- und Fußbodenplatten waren gleich dünn, die Fensterrahmen wurden ohne Dichtungsmaterial in die Öffnungen gesetzt und lediglich mit einigen Stiften befestigt. Der Fußboden war mit Gummistreifen bedeckt, so dass wir neben dem Ausfegen auch nass durchwischen konnten.

Die Ausstattung war den Bedürfnissen angepasst und fiel somit recht spartanisch aus: Eine Schlafstelle, ein Stuhl, ein Tisch, ein kleiner Schrank. Was man nicht im Raum unterbringen konnte, blieb in der Einsatzkiste. Gemessen an der Enge in einigen Bundeswehrunterkünften durften wir noch etwas mehr Luft geniessen.

Unser Büro zeigte sich ebenfalls von überwältigender Schlichtheit und diente zugleich als Besprechungsraum oder zusätzliche Übernachtungsmöglichkeit für Besucher. Zu Anfang fehlte uns ein eigener Internetanschluss, wobei wir über eine durch die Bundeswehr in einem separaten Container zur Verfügung gestellte öffentliche Satellitenverbindung mit der Außenwelt in Verbindung treten konnten. Später kam es zu einer Vereinbarung zwischen dem BMI und dem AA, so dass wir die dortige öffentliche Verbindung mit nutzen durften. Wir verlegten Kabel vom Büro des AA in unsere Unterkunft und waren damit in der Lage direkt und schneller arbeiten.

Nach heftigem Regen oder Sandsturm fanden sich im Innern der Hütte größere Wasserlachen oder Sandhaufen. Wie in vielen anderen Fällen des täglichen Lebens war auch hier Selbstmanagement gefragt. Eine Garantie oder Gewährleistung im Sinne unserer heimischen Rechtsordnung durfte nicht erwartet werden. Mit Hilfe des *Bauhauses*, der Werkstatt der Bundeswehr, wurde auch dieses kleine Problem gelöst.

Schliefen wir zunächst auf Feldbetten in Schlafsäcken, hielt irgendwann auch der zivilisatorische Fortschritt in Form eines gewöhnlichen Bettgestells Einzug. Die Bettgestelle und Bettwäsche waren schon lange „im Zulauf" gewesen, hieß es auf Nachfrage im Fachjargon der Logistiker. War unser ganzes Leben und Treiben in Afghanistan nicht auch ein einziger Zulauf – oder begann schon der Nachlauf?

Der Weg von unserem Quartier zu den zentral gelegenen Versorgungs- und Entsorgungseinrichtungen war zunächst nur über unbefestigte Trampelpfade möglich. So kam es vor, dass man frisch geduscht im Matsch oder auf provisorisch verlegten Holzplanken ausrutschte und die Reinigungsprozedur wiederholen durfte.

Die Situation verbesserte sich im Verlauf der kommenden Monate zusehends durch den Ausbau der Infrastruktur im Lager allgemein und den Bau von zusätzlichen Holzwegen im Besonderen. Luxus pur war der Bau einer hölzernen Terrasse am Rande unserer Reihensiedlung. Hier traf man sich zur allabendlichen Nachbereitung oder zu Besprechungen mit Kollegen, lokalen Partnern und Internationalen.

Das Zusammenleben und die Zusammenarbeit mit der Bundeswehr und den Vertretern anderer Institutionen verlief ohne Störungen. In Erinnerung blieb die Fragestellung eines Soldaten in seinem Umfeld, ob man die Angehörigen der Polizei als Kollegen oder Kameraden bezeichnen solle. Das Thema schien aber nie wirklich jemanden ernsthaft zu interessieren.

Wir nahmen an der Verpflegung der Bundeswehr teil. Unsere Wäsche wurde von einem Unternehmen innerhalb der Stadt Kunduz gewaschen. Auch dies wurde organisatorisch von unserer Armee begleitet. Am Ende des Monats durften wir in der Zahlstelle der Bundeswehr abrechnen.

Für den Erhalt der nötigen Fitness standen zunächst ein Zelt mit Rädern und Laufbändern und ein Raum mit Gewichten zur Verfügung. Klimaanlagen waren nicht vorhanden, wobei sich die Räumlichkeiten bei extremer Außenhitze entsprechend aufheizten und nur eine kurze Verweilzeit zuließen. Im Zuge des fortschreitenden Ausbaus des Lagers entstand ein gut ausgestattetes Fitnesscenter mit Klimaanlage. Jeder konnte sich entsprechend austoben.

Die Qualität unserer Mehrzweckanzüge sowie der Einsatzstiefel entsprach nicht den Anforderungen bei hohen Temperaturen, so dass durch unsere Geschäftsstelle in Kabul beim BMI eine tropentaugliche Bekleidung angefordert wurde. Während meiner Zeit in Afghanistan gab es nichts Neues. Angeblich hatte man – wer auch immer – zunächst versucht die Anzüge umzufärben, was aber am ungeeigneten Stoffgemisch nichts änderte.

Beim AA schien alles etwas unkomplizierter und zügiger zu laufen. Mitarbeiter und Mitarbeiterin durften sich freuen. Letztendlich blieb uns nur der privat organisierte Kauf von tauglichen Einsatzstiefeln (Desert Boots) im Rahmen einer Sammelbestellung im PRT. Der farbliche Bruch in der Anzugsordnung war unter anderem bei Außeneinsätzen im Verhältnis zum Wohlbefinden der Füße hinzunehmen und führte offenkundig zu keinerlei Akzeptanzproblem bei unserem afghanischen Partner.

Außendienst und Begegnungen

Die erste dienstliche Tätigkeit führte mich am Tag nach der Ankunft mit einem Hubschrauber der Bundeswehr in den Distrikt Dasht–i Archi in der Provinz Kunduz. Der Hubschrauber flog nur wenige Meter über dem Boden und führte als Eigensicherung an den Backbord- und Steuerbordeinstiegen als auch achtern an der geöffneten Luke mit Maschinengewehren bewaffnete Soldaten mit.

Es handelte sich um eine gemeinsame Erkundung mit der Bundeswehr wegen der Sicherheitslage in diesem Gebiet. Zugleich bot sich eine günstige Gelegenheit, mit den örtlichen Polizeikräften Kontakt aufzunehmen, sich vorzustellen, die Sorgen und Nöte zu erfahren und eine mögliche zukünftige Zusammenarbeit zu besprechen. Heimatlich norddeutsche Gefühle kamen auf, als ein ziemlich demolierter Reisebus mit der verkratzten Aufschrift *Harz Reisen Hamburg* unseren Treffpunkt passierte.

Unwillkürlich fiel mir die Aussage eines internationalen Mitarbeiters des UN-Hauptquartiers in Bosnien - Herzegovina aus dem Jahre 1996 ein, der da sinngemäß meinte, man gehe mit 100 % in die Mission, müsse aber schon mit einem Zielerreichungsgrad von 5 % (!) zufrieden sein. Ich glaubte mich verhört zu haben. Er war schon lange im Geschäft und wusste einiges Betrübliche über die Minus 95% zu berichten.

Ein bisschen mehr - stellte ich mir vor -, dürfte es hier wohl doch schon werden. Der Chef des *UNAMA (United Nations Assistance Mission for Afghanistan)* Regional-Hauptquartiers in Kunduz ließ sich in dieser Frage zu keiner Prognose hinreißen.

Im Übrigen wollten ihn einige lokale Akteure als auch vormalige Angehörige der US - Special Forces als ehemaliges Mitglied einer Spezialeinheit der ehemaligen sowjetischen Besatzungsarmee wiedererkannt haben. Nach dem Zerfall der Sowjetunion tauchte er als Vertreter seines nunmehr selbständigen Landes mit einem neuen Arbeitgeber in seinem alten Einsatzgebiet auf.

Die bisherige deutsche Ausstattungshilfe für die Polizei schien bereits bis in diese Ecke des Landes vorgedrungen zu sein, denn die örtliche Distriktspolizei verfügte über einen pick up Truck, der neben den Emblemen der afghanischen Polizei auch unsere Nationalfarben auf einem kleinen Aufkleber *donated by Germany* zeigte.

Ein Fahrzeug gleicher Bauart mit erheblichen Frontschäden sah ich Monate später in der Polizeiwerkstatt in Kabul. Die afghanischen Kollegen waren mit dem Fahrzeug auf eine Mine oder Sprengfalle gefahren und sollten nur deshalb (wenn auch schwer verletzt) überleben, weil angeblich die Airbags auslösten. Es klang zunächst unglaubwürdig, schien aber durch verlässliche Zeugenaussagen bestätigt worden zu sein.

...Grundsätzlich schlossen wir uns im Landmarsch mit eigenem gepanzerten Fahrzeug einem Konvoi der Bundeswehr an. Unsere Streitkräfte gewährleisteten die zu damaliger Zeit vorhandene Bewaffnung, Kommunikation und medizinische Versorgung. Unsere persönliche Bewaffnung bestand aus der Dienstpistole und den zusätzlich mitzuführenden Maschinenpistolen. Die Dienstfahrzeuge verfügten über die höchste Schutzklasse.

Sicherheits- und Gefährdungsanalysen gehörten zum Alltagsgeschäft. Leichtsinn, falsche Schlussfolgerungen oder Heldentum schienen schlechte Wegbegleiter in einem Landstrich zu sein, der entgegen anders lautenden Einschätzungen nach dem vermeintlichen Rückzug der Taliban weiterhin ein Gefahrenpotential bot.

Allein entlang der Straße zwischen Kunduz und Taloqan, der Hauptstadt der Nachbarprovinz Takhar, kam es weiterhin vereinzelt zu Sprengstoffanschlägen auf Fahrzeuge internationaler und lokaler Organisationen, sowie einzelner Personen (z. B. während des Präsidentschaftswahlkampfes im Herbst 2004 oder gegen ein Fahrzeug der Vereinten Nationen).

Den Ausführungen örtlicher Polizeivertreter durften wir durchaus entnehmen, dass aufgrund der ausführlichen Kenntnisse der lokalen Verhältnisse Verdachtsmomente gegen mögliche Täter vorhanden schienen.

Man konnte sich jedoch nicht des Eindrucks erwehren, dass bestimmte Kräfte keineswegs am inneren Frieden und an Festnahmen interessiert waren, um das vorgetäuschte oder tatsächlich vorhandene Gefährdungspotential insbesondere gegenüber den Internationalen hochzuhalten. Um so wichtiger erschien ein eigenes Netzwerk, um aus den verschiedensten Quellen einigermaßen zuverlässige Hinweise als Grundlage für eine eigene Lagebeurteilung zu erlangen.

Unser Zuständigkeitsbereich umfasste die Provinzen Kunduz mit der gleichnamigen Hauptstadt, Takhar mit der Hauptstadt Taloqan, Baghlan mit der Hauptstadt Pul-i Kumri (auch: Pol–e Komri) und Badakhshan (auch: Badachshan) mit der Hauptstadt Faisabad (auch:Feyzabad). Neben dem Hauptquartier in den jeweiligen Hauptstädten (Main Headquarter) und den innerörtlichen Polizeistationen gab es in den meist ländlichen geprägten Distrikten eine zentrale Dienststelle (Police Station) am Sitz der Verwaltung des Distrikts. Dieser unterstanden mehrere kleine Einheiten (Sub-Station) in der Fläche.

Das Innenministerium in Kabul befehligte die Polizei in Afghanistan über die Provinzen bis in die Distrikte. Daneben gab es zentral aus Kabul geführte Einheiten wie z. B. Bereitschaftspolizei oder Reservepolizei (Reserve Unit), Überlandstraßenpolizei (Highway Police), Grenzpolizei, Anti-Terroreinheit, Drogenbekämpfung und Inlandsgeheimdienst(NDS).

Diese zentral geführten Dienststellen verfügten über Außenstellen in den Provinzen und waren den Chefs der Provinzpolizei suspekt, standen sie doch in Teilen der Aufgabenwahrnehmung in Konkurrenz zu ihnen und waren der örtlichen Dienstaufsicht entzogen.

Unser Aufgabenspektrum wurde allgemein mit *Polizeiberatung* umschrieben. Wir hatten keinerlei Exekutivbefugnisse im Gegensatz zum Kosovo, durften aber nach dem Sitz- und Statusabkommen zur Eigensicherung Waffen tragen.

Grundsätzlich bestand auf Seiten der lokalen Polizei und auf unserer Seite ein intensiver Gesprächsbedarf über Aus- und Fortbildung, Ausstattung, Bauvorhaben, Einsätze, Sicherheitslage, Projekt- und Finanzierungsfragen usw. Diese Bandbreite erforderte eine intensive Kommunikation auf Augenhöhe und war geprägt von gegenseitigem Respekt und vermied Besserwisserei. Den Chefs der Provinzpolizeien brachten wir unsere Erwartung zum Ausdruck, dass auch sie sicherlich an einem sicheren Umfeld und einer entsprechenden Bewegungsfreiheit für uns interessiert sein würden.

Meine Erfahrungen aus anderen Missionen wie in Bosnien - Herzegovina, Albanien oder Kosovo wurden auch hier bestätigt, dass man Versprechen halten und nicht mit Worthülsen und bloßen Ankündigungen operieren sollte. Ansonsten war man verbrannt, erntete nur noch ein müdes Lächeln und hatte das Vertrauen seiner Gesprächspartner verloren.

Hinzu kam ein nicht unerheblicher Gesichtsverlust unmittelbar vor Ort bei den lokalen und internationalen Kräften als auch für das deutsche Anliegen mit den eingegangenen Zusagen und Verpflichtungen im Rahmen des bilateralen Abkommens.

Wie immer musste man den Spagat zwischen finanziellen Wünschen und Möglichkeiten beherrschen und mit seinem Sachverstand und der Erfahrung im internationalen Geschäft argumentieren. Saubere Analyse, eine realistische Darstellung der Möglichkeiten und entsprechende Erkenntnisse über die handelnden Personen zeigten sich als grundlegende Voraussetzung für ein gedeihliches Miteinander.

Während meines Aufenthalts im Kosovo erzählte mir ein kanadischer Kollege etwas über die Bedeutung der so genannten *Seven Ps* ,die für *Prior Proper Preparation Prevents Poor Pissed Performance* standen , was inhaltlich soviel bedeutete, dass eine ordentliche Vorbereitung unabdingbar für die Vermeidung eines (späteren) Misserfolgs sei. Irgendwie ließ sich diese Erkenntnis auch auf unsere Lage übertragen.

Nach dem Austausch der üblichen gegenseitigen Höflichkeiten begannen oft langwierige Gespräche zu Sicherheits- oder Projektfragen. Auch ließen unsere Gesprächspartner ihren Respekt anklingen, dass wir unsere Familien in Deutschland hätten verlassen müssen, um den afghanischen Bürgern beim Neuaufbau ihres Landes zu helfen.

Im Rahmen der Besuche bei den Polizeichefs der Provinzen und der Distrikte wurden in der Regel Tee, Süßigkeiten, Gebäck oder heimisches Obst gereicht. So durften wir in Badakhshan wohlschmeckende Aprikosen kosten, während im Norden der Provinz Takhar die saftigen Melonen einen köstlichen Eindruck hinterließen.

Im übrigen brauchten heimisches Gemüse und Obst keinen Vergleich mit ausländischen Produkten zu scheuen. So hatte sich mittlerweile wieder ein kleiner Grenzhandel mit landwirtschaftlichen Erzeugnissen zwischen den Nordost–Provinzen und dem benachbarten Tadschikistan entwickelt.

Die Einladung zum Mittagessen wurde von beiden Seiten als besondere Ehre empfunden.So sassen wir im Privathaus eines Polizeichefs auf dem Boden vor den dort ausgebreiteten Speisen, die in der Regel als Hauptmahl das nationale Reisgericht *Palau* enthielten. Die Speisen wurden mit Hilfe der Hände aufgenommen, wobei man tunlichst mit der rechten Hand zugreifen sollte, da die linke Hand aus Glaubens- und Traditionsgründen als unrein galt.

Hatte man sich versehentlich vergriffen, durfte mit der Nachsicht seiner Gastgeber gerechnet werden. Für mich als Linkshänder bedeutete dies zu Anfang vermehrt Selbstdisziplin. Nach und nach machten wir uns auch mit den anderen Gebräuchen vor Ort vertraut und äußerten dadurch Verständnis und Respekt für die heimische Kultur.

Manchmal saßen wir auf Stühlen *zu Tisch* und durften als Alternative mit Messer und Gabel essen. Eines Tages stand zu unserer Überraschung ein Glas löslichen Kaffees auf dem Tisch. Der Polizeichef der Provinz erklärte, er habe eine Zeit lang in der Schweiz studiert und am Kaffee und dieser einfachen Art der Zubereitung Gefallen gefunden.

Wie er erzählte, brach er sein Studium ab, um sich dann später (unter anderem) dem Kampf gegen die Taliban anzuschließen. Er erinnerte an die mühevollen und entbehrungsreichen Fußmärsche durchs Gebirge von den Provinzen Takhar und Badakhshan nach Pakistan und zurück, um den Nachschub an Waffen und Nahrung für die Mudschaheddin zu gewährleisten.

Polizeiprojekte und Ausstattung

Unsere Projekte umfassten unter anderem die Sanierung und Planung von Neubauvorhaben, Ausstattung und Ausrüstung als auch Ausbildungs- und Fortbildungsmaßnahmen.

Mit Hilfe von Ingenieuren des Technischen Hilfswerks (THW) gelang uns beispielsweise die Sanierung des Provinzhauptquartiers in Kunduz einschließlich der Beschaffung des Notstromaggregates und einer zeitgemäßen Abwasserentsorgung. Das Versetzen des Notstromaggregates in seine endgültige Position erledigten Soldaten der Bundeswehr mit einem mobilen Kran. Aufgrund der bewährten kurzen Kommunikationswege im PRT konnte die Arbeit zeitnah erledigt werden.

Im Rahmen flächendeckender Bauprojekte für kleiner dimensionierte Polizeihauptquartiere in den Distrikten gab es zunächst keinerlei Vorlagen. Unter Beteiligung eines Bauingenieurs des THW und des örtlichen Polizeichefs konzipierten wir den Entwurf für eine Polizeistation am zukünftigen Verwaltungssitz des Distrikts Aliabad ,25 km südlich von Kunduz an der Landstraße nach Baghlan und der Verbindungsstraße zum östlich von Aliabad gelegenen Distrikt Khanabad gelegen.Dieser Entwurf diente zugleich als Blaupause für weitere Polizeistationen und konnte entsprechend den Bedürfnissen variiert werden.

Neben den eigentlichen Büroräumen gehörten grundsätzlich ein größerer Schlaf- oder Ruheraum, eine Küche, eine Frischwasserpumpe, eine Klärgrube und die komplette Inneneinrichtung zur Grundausstattung.

Vorwiegend jüngere Polizeibedienstete lebten über Tage oder Wochen in der Polizeistation, da sie aufgrund der geringen und manchmal über Monate nicht ausgezahlten Entlohnung nach Dienstende nicht regelmäßig nach Hause in entfernt gelegene Dörfer fahren konnten. Wenn sie Geld erhielten, unterstützten sie vorrangig ihre Familien und Verwandten und verzichteten notgedrungen auf die Heimfahrten.

Alle Bedienstete hatten Anspruch auf drei kostenlose Mahlzeiten am Tag, so dass der Küche eine ganz besondere Bedeutung zugemessen wurde. Von der Leistungsfähigkeit der Köche konnten wir uns überzeugen, als die zentrale Polizeistation des Distriktes Aliabad unter großer Anteilnahme der Bevölkerung offiziell eröffnet wurde. In großen Kesseln köchelte das Reisgericht unter Zusatz von Schaffett auf den offenen Feuerstellen . Dazu gab es Fladenbrot, wegen der Form auch als *Surfbretter* bezeichnet, und Obst. Wir aßen zusammen mit dem örtlichen Polizeichef und einigen Würdenträgern und tranken neben stark gesüßtem Tee noch etwas Cola.

Die *Nachbereitung* dieser wirklich gelungenen Veranstaltung endete für mich leider etliche Stunden später in unserer Unterkunft mit einem veritablen Durchfall und einer Magenentleerung auf natürlichem Wege. Am anderen Morgen hatten sich die Körperfunktionen wieder auf Normalbetrieb eingestellt.

...Zum Zeitpunkt der Eröffnung dieser Polizeistation wurde bereits an einem Dienstgebäude im weiter entfernteren Dasht-i-Qala, im Norden der Provinz Takhar, gebaut. Unsere Blaupause hatte sich bei diesem Projekt bereits bewährt. Somit sparten wir nicht unerhebliche Planungskosten, der Bau kam zügig voran.

Ursprünglich sollte das Dienstgebäude in einem anderen Bezirk in der Provinz Kunduz errichtet werden. Der örtliche Polizeichef beharrte während der Vorbesprechungen auf den zusätzlichen Einbau einer Wohnung für sich und seine Familie. Somit war das Projekt für seinen Bereich erledigt. Dies bedeutete auch keinerlei zusätzliche Arbeit vor Ort, da der Generalunternehmer grundsätzlich verpflichtet war, eine angemessene Anzahl lokaler Subunternehmer und Arbeitskräfte anzuheuern.

Mit der Wahl des Alternativstandortes in Takhar lagen wir offensichtlich richtig, denn die Polizei war bisher als mehr oder minder geduldeter Untermieter zwischen verschiedenen Gebäuden hin und her geschubst worden und verfügte im Gegensatz zur Grenzpolizei und zum Zoll in dem Bereich über keinerlei feste Unterkunft.

Bemerkenswert war auch die Wahrnehmung, dass die dienstliche Kommunikation im Grenzwellenbereich mit dem Provinz-Hauptquartier nur über eine privat betriebene Funkstation lief. Telefon gab es offiziell nicht.

Ansonsten musste man mit dem Motorrad oder dem Pkw zig Kilometer über unbefestigte Straßen oder Schotterpisten fahren und dabei die Furt eines Flusses durchwaten. Wir durften diese Art des Reisens mehrmals auch in anderen Landesteilen genießen. Als vorteilhaft erwies sich eine vorausschauende Weg – Zeit – Berechnung mit einem nicht zu engen Zeitfenster.

Die Fahrt von Taloqan in die nördlichen Provinzteile hatte ähnlichen Erlebnischarakter wie die Tour auf der ca. 105 km langen Strecke von Kunduz bis in die Stadt Pol–i Kumri . Bevor ein chinesisches Unternehmen sich am Ausbau dieser Strecke versuchte, lag das Stundenmittel für die Reise auf dieser Strecke zwischen 4 bis 6 Stunden.

Diese Tortur zeigte auch entsprechende Verschleißspuren an unseren Dienstfahrzeugen, zumal aufgrund der höchsten Schutzklasse das erhöhte Gewicht dem Chassis schwer zu schaffen machte und zu Rissen in der Karosserie führte. Nach einer dieser Reisen hatte ich das Gefühl, das erste Mal beim Autofahren einen „Muskelkater" ergattert zu haben.

Aber es sollte noch andere Reiseerfahrungen geben. Insbesondere Abschleppvorgänge stellten hohe Anforderungen an die Fahrkünste und zeigten einige Schwachstellen am Fahrzeugaufbau auf.

Als äußerst misslich erwies sich der zeitweilige Ausfall von Motoren aufgrund offensichtlich ungeeigneter Einspritzdüsen. Der bei den lokalen Vertragstankstellen angebotene Diesel benötigte weniger komplizierte und anspruchsvolle Technik. Andere Hersteller hatten wohl bereits darauf reagiert .ein im wahrsten Sinn des Wortes *heißer* Abschleppvorgang bei hohen Außentemperaturen führte dazu, dass nur bei zeitweilig geöffneter Fahrertür die extreme Hitze im Fahrzeuginneren auszuhalten war, da die Klimaanlage ausfiel und die gepanzerten Scheiben fest eingebaut waren - eine neue Form von Saunagang.

Aus Anlass des bevorstehenden Besuchs unseres Bundesinnenministers in Kunduz wurden im Vorfeld größere Anschaffungen für die Polizeien der vier Provinzen getätigt. Neben den geländegängigen pick up Trucks mit Sitzbänken auf der Ladefläche für zusätzliches Personal sollten ebenfalls etliche Motorräder mit kleinem Hubraum zur Verteilung kommen.

Die Motorräder kamen im Bausatz mit Lkw aus Kabul und sollten im PRT-Camp für die Übergabe zusammengebaut und gebrauchsfähig gemacht werden.

Dies geschah durch heimische Kräfte unter tatkräftiger Anweisung und Mithilfe unseres sich dem motorisierten Zweiradsport verschriebenen Kollegen. Unter sengender Sonne gelang es ihm mit seinem Sachverstand, seiner Geduld, einer Portion Humor und mit viel Nachdruck, sich den Respekt und die Anerkennung der Einheimischen zu gewinnen.

Die Überführungsfahrt der Motorräder im Konvoi vom PRT-Camp zum Polizeihauptquartier in Kunduz über die staubigen Straßen der Innenstadt ließ bei dem einen oder anderen Fahrer aus den Reihen des PRT sicherlich *Easy-Rider-Gefühle* aufkommen oder wiederkehren. Wir standen unter dem Schutz des Allmächtigen - der Pfarrer fuhr voran.

Der Besuch unseres Bundesinnenministers verlief ohne bemerkbare Probleme. Die Fahrzeuge und weitere Ausstattungshilfen wurden erfreut entgegengenommen.

Insbesondere die Motorräder erhöhten die Mobilität in den ansonsten als unzugänglich geltenden Gegenden. Die Folgekosten sollten sich in Grenzen halten. Diese Fahrzeuge waren einfach zu bedienen, verfügten über eine zuverlässige wartungsarme Alttechnik aus Ostblockzeiten und ließen sich aufgrund des geringen Eigengewichts und des stabilen Aufbaus mühelos mit zwei bewaffneten Personen besetzen. Weitere Übergabezeremonien führten wir vor Ort in Badakhshan und Pol–i Kumri durch.

Später übergaben wir auch der Grenzpolizei Nord am Sitz des Hauptquartiers in Taloqan eine Vielzahl von Motorrädern gleicher Bauart. Der Zusammenbau fand in Taloqan auf einem kleinen Werkstattgelände an einer Seitenstraße statt.

Uns fiel auf, dass einige mit Burkha bekleidete Frauen in hochhackigen schwarzen Lederpomps ein Geschäft neben dem Montageplatz betraten und nach einiger Zeit wieder verließen. Es handelte sich um den örtlichen Damenschneider. Unsere Frage, wie er denn trotz der Burkha seinem Handwerk und Geschäft nachgehen könne, ließ er mit einem Lächeln unbeantwortet. Er sei eine anerkannte Vertrauensperson. Weiter zu fragen, wäre unhöflich gewesen und hätte ihn nur in Verlegenheit gebracht.

Dass unsere Hilfen nicht immer sachgerecht Verwendung fanden, erfuhren wir aus Polizeikreisen.

Einige der im Rahmen der Umbaumaßnahmen des Hauptquartiers in Kunduz gelieferten Büromöbel hatten selbst nach einigen Wochen noch nicht ihre Räumlichkeiten gefunden. Angeblich hatte man auch eine Verteilung auf die nachgeordneten Polizeistation vorgenommen. Auf Nachfrage war dort - bis auf einzelne Stücke – nichts angekommen.

Irgendwann standen die verlorenen Möbel vollzählig an den vorgesehenen Örtlichkeiten.

Ähnliches geschah mit einem Motorrad in Taloqan. Der Sohn eines hochrangigen Polizeioffiziers fuhr damit regelmäßig zur Schule und schien auch in seiner Freizeit viel Spaß mit dem Fahrzeug zu haben. Der Vorfall führte nun zu einiger Unruhe in der Stadt und im Hauptquartier der Provinzpolizei. Vater und Sohn liefen von da an zu Fuß.

Meine Erfahrung lehrte, dass unseren afghanischen Gesprächspartner das Wort *Nein* nicht unbedingt zu ihrem Sprachschatz zählten. Stattdessen wurde das Thema gewechselt. Das war für uns das Zeichen, diesen Inhalt zu verlassen und sich möglicherweise mit anderen Fragestellungen einer Beantwortung oder Lösung zu nähern. Ein ständiges Insistieren und Nachsetzen zeigte sich als nicht förderlich. Geduld, Ausdauer, Flexibilität, Verständnis und Höflichkeit erwiesen sich als erfolgreicher.

Im Zuge der Projektplanung für Bauvorhaben in erdbebengefährdeten Gebieten und Ausrüstungshilfen befassten wir uns mit den Polizeihauptquartieren in Taloqan und Faizabad . Nach Auskunft der THW-Repräsentanten war hierfür eine besondere Statik erforderlich. Während in Taloqan eine Ertüchtigung der alten Liegenschaft, sowie der Neubau eines Unterkunftsgebäudes und entsprechender Räumlichkeiten für die bisher ausgelagerten Abteilungen der Kriminalpolizei einschließlich des Polizeigewahrsams vorgesehen waren, bot sich in Faizabad aufgrund der maroden Bausubstanz ein kompletter Neubau an.

Der Kostenansatz betrug jeweils mehrere hunderttausend US Dollar. Beide Vorhaben sollten eine zukunftsweisende und bedarfsgerechte Nutzung gewährleisten.

In Sachen Polizeigewahrsam zeigte sich für Taloqan eine kleine Besonderheit, denn dort gab es keine entsprechenden staatlichen Unterbringungsmöglichkeiten für weibliche Gefangene.

In diesem Fall mietete die Polizei bei einer besonders zuverlässigen Familie einen Raum für die vorläufige Unterbringung. Der Familie wurde ans Herz gelegt, die in Gewahrsam genommene Person möglichst nicht entweichen zu lassen. Kam es doch zum „Ausbruch", wurde die Entwichene in der Regel schnell wieder eingefangen; denn jeder kannte sie irgendwie und hatte kaum Interesse sich mit der Polizei anzulegen.

Für weibliche Inhaftierte als auch Verurteilte (auch mit Kindern) boten sich in Kunduz entsprechende Räumlichkeiten im dortigen Regionalgefängnis. Interessant war zu hören, dass schreib- und lesekundige Frauen ihr Wissen an Mitgefangene weitergaben und auch Bücher im Umlauf waren.

Die Projektanträge wurden zunächst mit einem (vorläufigen) „Nein" aus Berlin belegt, da die U.S. - amerikanische Seite für den Bau von Distrikt–Hauptquartieren jeweils ca. 160.000 US Dollar bereitstellen wollte.

Dieser scheinbare Kostenvorteil gegenüber der deutschen Planung ergab sich aus einem offensichtlichen Informationsdefizit innerhalb der Büroorganisation.

Der Begriffswirrwarr zwischen Distrikt–Hauptquartieren in Form von Polizeistation wie beispielsweise in Aliabad oder Provinzhauptquartieren in Form mehrerer Gebäude oder eines Gebäudekomplexes löste sich erst nach dem Besuch eines Sachbearbeiters aus Berlin und einem Briefing aus Anlass des Besuchs einer offiziellen U.S. - Delegation in Kunduz auf.

Es wurde deutlich, dass der deutsche Beitrag für die Polizeistationen in den Distrikten weitaus kostengünstiger war und der U.S. - Beitrag für die Hauptquartiere in den Provinzen, denn nur diese waren gemeint, als deutlich unterfinanziert erschien.

Die gesamte Planung geriet ins Stocken, als unmittelbar nach dem Tsunami in Indonesien am 26. Dezember 2004 der Mittelansatz für geplante Projekte auf Weisung aus Berlin nochmals auf den Prüfstand kam. Zumindest ließ sich ein zeitlicher und sachlicher Zusammenhang vermuten.

Neben den Bauprojekten und der Lieferung der entsprechenden Möbel gab es eine Reihe vielfältiger aber nicht weniger wichtiger Ausstattungs- oder Ausrüstungsvorhaben wie zum Beispiel von Polizeikellen über Taschenlampen, Warnwesten, kriminaltechnischen Gerätschaften, Ferngläsern , Wolldecken .

Die horizontale als auch vertikale Kommunikation der afghanischen Polizei fand im Funkbereich grundsätzlich über Grenzwelle vom Innenministerium über die Provinzen bis in die Distrikte statt. Weiterhin nutzte man auf der Leitungsebene zunehmend die beiden am Markt agierenden privaten Mobilfunkanbieter im Prepaid - Verfahren. Nicht wenige Polizeiangehörige hatten sich privat ein Mobiltelefon zugelegt.

Landgestützte Telefonverbindungen waren in den Provinzen größtenteils nicht vorhanden. Es gab vorwiegend interne Hausverbindungen ohne Außenkontakt. Dasselbe galt annähernd für das Internet. In der Stadt Taloqan konntenTelefon und Internet über eine zentral gelegene Satellitenschüssel empfangen werden. Die Verteilung an die Empfänger wurde überirdisch mit Hilfe von Drahtleitungen vorgenommen.

Der dienststelleninterne Funkverkehr fand mit vereinzelt vorhandenen Handfunksprechgeräten auf UKW-Frequenz aus vorwiegend U.S.-amerikanischer Produktion statt. Aus deutschen und später auch U.S.-Projektmitteln wurde zusätzlich eine große Anzahl von Handfunksprechgeräten und Einbaugeräten für Dienstfahrzeuge beschafft.

Wegen fehlender Relaiseinrichtungen war diese Form der Kommunikation lediglich auf eine begrenzte Reichweite ausgelegt.

Dieser Nachteil konnte durch ein U.S.-Projekt mit unserer Beratung minimiert werden. In einem Pilotprojekt in den Provinzen Taloqan und Kunduz sollte jeweils neben dem Provinzhauptquartier in einem Distrikt eine Polizeistation mit einem fest eingebauten Funkgerät im Gebäude, einer Antenne und einer Stromversorgung mit Hilfe von Solarpaneelen und Speicherbatterien ausgestattet werden. Die Zusammenarbeit mit den U.S.-Projektbetreuern und der lokalen Polizei verlief ohne Reibungen.

Es erschien wie der Eintritt in eine andere Welt oder ein anderes Zeitalter, als das erste Funkgespräch aus dem Distrikt Aliabad nach Kunduz ins Hauptquartier eröffnet wurde und sich auch prompt der gewünschte Gesprächspartner meldete. Aufgrund der topographischen Gegebenheiten und der günstigen Wetterbedingungen erhöhte sich die Reichweite von Aliabad bis nach Taloqan, der Hauptstadt der benachbarten Provinz Takhar.

Die U.S.-Verantwortlichen ließen sich von mir überzeugen, den Blick in Sachen Funkversorgung auf den gesamten Nordosten zu richten, so dass sie letztendlich das Projekt auch auf die Provinzen Badakhshan und Baghlan ausweiteten. Die Transporte wurden durch die Bundeswehr und im Falle Baghlan durch die Koninklijke Marechaussee (Niederländische Nationalpolizei) als Teilstreitkraft innerhalb des Stützpunktes der Niederländischen Armee in der Provinzhauptstadt Pol–i–Kumri organisiert und veranlasst.

Im ersten Ansatz waren die Provinzpolizeien somit in der Lage, die Funkkommunikation innerhalb ihrer Behörde und zwischen den Provinzen „grenzüberschreitend" zu verbessern.

Als Nachteil erwies sich die fehlende Verbindung mit den Zentraleinheiten wie Grenzpolizei, Überlandstraßen-Polizei und Bereitschafts- oder Reservepolizei. Austausch von Informationen, Nachrichtenübermittlung oder eine gemeinsame Besprechungen und koordinierte Einsatzführung waren gar nicht oder nur spärlich wahrzunehmen.

Wir konnten die Chefs dieser Einheiten als auch die Provinzkommandeure – trotz ihrer teilweise offenkundigen Rivalität – ermutigen, Erkenntnisse und Planungen auszutauschen und an einem gemeinsamen Lagebild zu arbeiten. Dies war um so nötiger, da auch im Norden und Nordosten – wir werden es noch sehen – die Zeiten mittlerweile etwas „unruhiger" wurden.

Ich entwarf ein Projekt zur Vernetzung der Funkkommunikation zwischen den bereits genannten Provinz- und Zentraleinheiten. Unser Büro in Kabul bestätigte den Eingang des Projektantrags.

Sachstand Polizei 2004

Die Zielstärke für die Polizei in Afghanistan hatte jemand (?) in einem ersten Schritt wohl auf etwa 100.000 Personen festgelegt.

Nach eigenen Erfahrungen mit nationalen und internationalen Personalangelegenheiten versuchte ich verschiedene Quellen anzuzapfen und mögliche Bezugsgrößen und Parameter heranziehen, um die Hintergründe und Schlüssigkeit für derartige Personalgrößen erkennen zu können. Vieles blieb im Nebel liegen.

Hinzu kamen die offenkundig unterschiedlichen Vorstellungen zwischen deutscher und U.S.– amerikanischer Seite über Organisation, Ausbildungszeiten, Stärke und Finanzierung. Der finanzielle und personelle Beitrag der Amerikaner übertraf zu meiner Zeit bei weitem unsere Mittel und Möglichkeiten. Deutschland hatte zwar die Führungsrolle und die Koordination beim Aufbau der Polizei übernommen, beschäftige sich aber zunächst nicht originär mit der Ausbildung in der Fläche.

Tatsächlich gab es noch Angehörige der Polizei, die vor dem Einmarsch der Sowjettruppen (1979) in der damaligen Bundesrepublik Deutschland (BRD) und bis zum Rückzug der Sowjetischen Soldaten (1989) in der Sowjetunion als auch in der damaligen Deutschen Demokratischen Republik (DDR) ausgebildet oder fortgebildet wurden.

Sie stellten jedoch in der neuen Afghan National Police (ANP) eine Minderheit dar. So hatten schätzungsweise lediglich etwa 10 - 15 % der Bediensteten der Provinz Kunduz eine Ausbildung oder Fortbildung alter Art in Afghanistan als auch im Ausland durchlaufen.

Trotz ihrer fachlichen Vorbildung und ihren praktischer Erfahrungen in allen Tätigkeitsbereichen der Polizei fanden sich nur wenige in Führungspositionen wieder. Die afghanische Seite nutzte diesen Fundus an Wissen und Erfahrung nicht für die Alltagsorganisation. Ein eigenes Programm *Train - The - Trainer* oder andere interne Fortbildungsmaßnahmen blieben aus.

Die Gespräche mit gelernten Polizisten alter Schule zeigten eine gewisse Hoffnungslosigkeit, Resignation und geringe Erwartung in eine adäquate Verwendung in Bezug auf ihre fachlichen Qualitäten.

Einige altgediente Polizisten wechselten zum Regional Training Center (RTC) , um sich als Trainer für die dortigen Lehrgangsteilnehmer zu betätigen. Die US-amerikanischen Geldgeber zahlten allemal besser und dazu pünktlich.

Aber auch einigen bereits an der Polizeiakademie in Kabul ausgebildeten Polizisten schien es nicht besser zu ergehen.

Aus Anlass eines Besuchs der Dienststelle der Überlandstraßenpolizei in Mazar–i Sharif trafen wir einen jungen Mann, der als Schreiber für seinen schreib– und leseunkundigen Dienststellenleiter fungierte und für die Zubereitung des Tees zuständig war. Sein fachliches Wissen und sein Alter wurden ihm zum Verhängnis:

Man stellte ihn kalt und zeigte durch die Art der zugewiesenen Beschäftigung eine nicht vorhandene Wertschätzung. Die Seilschaften hatten ihre eigene Hierarchie und funktionierten weiterhin.

Probleme dieser Art schienen keine Einzelfälle zu sein. Eines Tages erschien ein Polizeigeneral im Auftrag des Innenministerium beim Chef der Provinzpolizei Baghlan in Pol–i Kumri , mahnte eindringlich eine adäquate Verwendung der Akademieabsolventen an und verband seine Aussagen wohl auch mit dem persönlichen Schicksal des Polizeichefs und der nachgeordneten Dienststellenleiter. Weiterhin sollte der Polizeichef die Werbetrommel für die Polizeiakademie in Kabul rühren.

Man wollte nicht nur Bewerber aus dem Großraum Kabul sehen. Das Rekrutierungsverfahren allgemein wurde nunmehr zentral beim Innenministerium geführt. Die Einstellung ungelernter „Seiteneinsteiger" durch die Provinzen oder durch die in der Fläche stationierten Einheiten des Innenministeriums sollte unterbunden werden.

Der Chef der Provinzpolizei fühlte sich sichtlich unwohl in seiner Haut. Es schienen sich für ihn persönlich neue Zeiten anzukündigen.

Es wurde allerdings von Anfang an eine große Chance vertan. Der Aufbau der Polizei in der Fläche nach dem Sturz der Taliban hätte ein derartiges Personalgerippe mit einem schon teilweise über Jahrzehnte vorhandenen Sachverstand verdient. Es bestand die nicht unbegründete Gefahr, dass die Polizei zu einer Art Volksmiliz verkommen sollte.

Zudem fiel auf, das nicht wenige international agierende Regierungs- und Nichtregierungsorganisationen über vermeintliche *Polizeiexperten* verfügten, deren Unfähigkeit mit wenigen gezielten Fragen schnell zu entlarven war.

So gab es bei UNAMA in Kunduz zeitweise einen *Political Affairs Officer*, der bei den wöchentlichen Sicherheitsbesprechungen im PRT allerlei Interessantes aus dem Binnenleben der Polizei zu berichten wusste. Bedauerlicherweise stellte es sich bei näherer Überprüfung lediglich als Hören-Sagen heraus , oder man hatte ihn bewusst auf die falsche Fährte geschickt.

Schlussfolgerung war letztendlich, dass er aufgrund seiner mangelnden beruflichen Fähigkeiten auch zu einer Gefahr für die interne Berichtspflicht innerhalb der UN zu werden schien. Dies ließ sich unter anderem aus der Qualität der Anfragen aus Kabul erkennen.

Insbesondere die Nahtstelle zwischen polizeilichen und militärischen Erfordernissen aus Anlass bewaffneter Aktionen zum Schutz der Zivilbevölkerung gegen die Taliban und lokale Banden offenbarte die Notwendigkeit einer klaren Aufgabenzuweisung und sachbezogenen Ausbildung für die Polizei.

Die Polizei sollte nicht der verlängerte Arm des Militärs oder eine angeschlossene oder untergeordnete Unterstützungseinheit sein.

Das Land war immer noch nicht vollständig befriedet, so dass auch die Polizei mit ihren unterschiedlichen Dienststellen und Einheiten des öfteren in bewaffnete Auseinandersetzungen verwickelt wurde; war sie doch mittlerweile auch durch die Taliban und Kriminelle als durchaus ernstzunehmender Gegner erkannt und angegriffen worden.

Der Blutzoll der Polizei im Jahresschnitt war allemal höher als der der nationalen Armee. Die Polizei arbeitete direkt vor Ort, gewann intime Erkenntnisse über und durch die Bevölkerung.

Die Erwartungshaltung der Bürger an eine Polizei neuen Zuschnitts war hoch, wollte man nach Jahrzehnten der Fremdbestimmung einfach nur in Frieden leben und auch auf einheimische Störenfriede verzichten.

Im Gegensatz zum völligen Neuaufbau der Afghan National Army (ANA) wurde die Afghan National Police (ANP) neben ihren personellen Altbeständen mit ehemaligen regulären Soldaten und „verdienten" Mudshaheddin sowie Wehrpflichtigen, die zwischen Armee und Polizei wählen durften, aufgefüllt.

Ähnliches hatte man bereits mit Beginn 1996 auf Initiative der UN in Bosnien-Herzegovina begonnen und die Polizei in großen Teilen mit ausgemusterten Soldaten zu besetzen versucht. Eine Fortsetzung versuchte die internationale Gemeinschaft ab 1999 im Kosovo. Letztendlich ging es vorrangig um reine Kopfzahlen als erfolgreiche Meldegrundlage für die internationalen Geldgeber.

In Kunduz betrieben die afghanischen Behörden eine gemeinsame Rekrutierungsstelle für die *Armee (ANA)*, die *Polizei (ANP)* und den *Inlandsgeheimdienst (NDS)*. Insbesondere die Übernahme ehemaliger Soldaten ging einher mit dem so genannten DDR-Programm.

Das Kürzel *DDR* stand hier für *Disarmament , Demobilization und Reintegration*. Dies betraf im Nordosten die 6. Armee (AMF) mit dem Hauptquartier in der Stadt Kunduz und den Divisionen in Kunduz, Tahar, Badakhshan und Baghlan unter dem Kommando des Generals Daoud.

General Daoud wechselte später als Verantwortlicher für die Drogenbekämpfung (!) ins Innenministerium, obwohl es in Afghanistan ein offenes Geheimnis war, dass seine Familie - und hier insbesondere sein Bruder - aktiv im Drogengeschäft tätig waren. *(Hinweis: Daoud wurde im Jahre 2011 Opfer eines Anschlages mit tödlichem Ausgang im Gouverneurssitz der Provinz Takhar in Taloqan.)*

Eine Besonderheit im Rahmen der Umwandlung bildeten die Kräfte der Grenzsicherung. Das frühere dem Verteidigungsministerium unterstellten Grenzregiment aus Baharak (Provinz Badakhshan) fand sich nunmehr unter dem Schirm des Innenministeriums als 8. Brigade der Grenzpolizei mit dem Hauptquartier in Taloqan (Provinz Takhar) wieder.

Allerdings bestand die nicht unbegründete Gefahr der Doppelbezahlung, da die ehemaligen Soldaten zunächst auch das DDR–Verfahren offiziell durchlaufen und ausgemustert werden mussten, um sich danach um eine Aufnahme in die Grenzpolizei zu bewerben. Der organisatorische Wechsel der Grenzsicherung vom Verteidigungsministerium zum Innenministerium sollte eigentlich nicht die gleichzeitige Übernahme des vorherigen (militärisch geschulten) Personals bedeuten.

Im Rahmen der Entwaffnung der Verbände und der Auflösung der alten militärischen Struktur war das oberste Ziel die Wiedereingliederung der Soldaten in das neue zivile Leben.

So landeten plötzlich etliche ehemalige Soldaten, ohne jemals entsprechend eingewiesen, geschweige denn ausgebildet worden zu sein, in der Polizei und pflegten in Teilen ihre alten Kameradschaften weiter.

Der Uniformwechsel ging nicht einher mit einer Neuorientierung für das neue Aufgabenspektrum. Die *alten* ehemaligen ausgebildeten Bediensteten waren in der Minderzahl und wurden durch die *neuen Seilschaften* verdrängt.

Ein weiteres Problem stellte der fehlende Mittelbau im Personalkörper dar. Es gab nur wenige qualifizierte Unteroffiziere aller Dienstgrade. Die Anzahl der Offiziere und einfachen Polizisten hielt sich in vielen Einheiten und Dienststellen fast die Waage. Zudem ergab sich eine Kopflastigkeit bei den Offiziersrängen General, Oberst, Oberstleutnant und Major.

Generell mangelte es an Arbeitsplatzschreibungen und Anforderungsprofilen für die jeweiligen Dienstposten. Wurde jemand befördert, stellte er zunächst einmal die Arbeit ein und *erfreute* sich den angeblichen oder tatsächlichen Privilegien des neuen Amtes.

Die Bezahlung der Polizei gab im allgemeinen keinen Anlass zur Freude. Damit war ein auskömmliches Leben für die Familie nicht zu führen.

Jüngere Leute konnten sich eine Heirat und eine Familie nicht leisten. Das dürftige Gehalt wurde oft Monate verspätet oder nur in Teilen ausgezahlt.

Auch die Bemühungen der internationalen Einzahler in den *Law and Order Trust Fund for Afghanistan (LOFTA)* konnten diesen Zustand nicht wesentlich mindern. Dieser Missstand bot – wie z. B. auf dem Balkan – allerlei Möglichkeiten für Korruption oder zur Ausübung von (illegalen) Nebentätigkeiten.

Während der Erntezeit fehlte (von der internationalen Gemeinschaft fast unbemerkt) in manchen Dienststellen bis zu 50 % der Belegschaft, da die Arbeit als Erntehelfer besser bezahlt wurde! Nicht wenige junge Leute gingen nach Hause, weil sie dort gebraucht wurden und die Familie sich keine Hilfskräfte leisten konnte.

Die Fluktuation unter den Polizeikräften stellte eine weitere Herausforderung dar. Manch ein Bediensteter wechselte den Arbeitgeber und wurde nun Angehöriger einer besser bezahlten bewaffneten Truppe eines lokalen War Lords, der sich nach der Auflösung der 6. Armee selbständig gemacht hatte und sich auf seine Weise mit Hilfe krimineller Energie auf Kosten der Bevölkerung in die Gesellschaft *integrierte*.

Die Grenzen zwischen dem vermeintlichen Gewaltmonopol der Polizei und der Macht der War Lords verschwanden zusehends, so dass sich beispielsweise einige örtliche Autoritäten aus dem Norden der Provinz Takhar veranlasst sahen, sich bei uns über die Untätigkeit und Machtlosigkeit der Polizei zu beschweren. Die Bevölkerung war in Teilen der Willkür der lokalen Kriegsherren ausgesetzt und fühlte sich an die Zeiten der Gewaltherrschaft erinnert.

Es brachte keinen Fortschritt, wenn die Taliban durch lokale Banden abgelöst wurden, die Bevölkerung aber weiterhin unter den gleichen Herrschaftsinstrumenten zu leiden hatte und sich illegale Parallelstrukturen bildeten.

Niemand wusste die genauen Personalstärken in Soll und Ist zu beziffern, zumal eine geordnete Personalführung, Personalsteuerung ,unter anderem im Sinne von Zielstärken, Anzahl der Bediensteten, Personalnummern, Rekrutierung, Ausbildung und Fortbildung, Beförderungen, Besoldungsstruktur usw. nicht oder nicht transparent zu erkennen war. Unterlagen wie ID-Karten oder Dienstausweise, die zumindest die Identität des einzelnen Polizisten belegen konnten, gab es nicht. Die nationalen und internationalen Verantwortlichen hatten hier schlichtweg etwas *vergessen*. Aufgrund der Erfahrungen aus vorherigen Einsatzgebieten brauchte das Rad doch nicht noch einmal erfunden werden.

Da keiner offensichtlich genau belegen konnte, wie viel Bedienstete monatlich zu entlohnen waren, gab es Zahlungen für eine fiktive Anzahl von Personen. Somit entschwand ein finanzieller Überhang auf allen Ebenen.

Ein ähnliches Erlebnis hatte ich Jahre zuvor auf dem Balkan, wo nach mühseligem Zählen der Köpfe vor Ort im Abgleich mit den Ministeriumsangaben ca. 4000(!) Bedienstete gar nicht vorhanden waren, die internationale Gemeinschaft aber trotzdem geschröpft wurde oder sich schröpfen ließ. Die verdeutlichte auch die Schwierigkeit und die Leichtfertigkeit, wie die Geldgeber mit der Kontrolle ihrer durch die internationalen Steuerzahler bereitgestellten Ausgaben umgingen!

Regional Training Centre (RTC)

Ein Projekt, dass mir persönlich sehr am Herzen lag, war die von mir initiierte Offensive in Sachen Alphabetisierung der Polizei in Afghanistan mit einem Pilotprojekt in Kunduz.

Hierzu gab es eine nicht uninteressante Vorgeschichte: Das U.S.-amerikanische Unternehmen DynCorp betrieb im Auftrag der U.S.-amerikanischen Regierung in Teilen Afghanistans Ausbildungszentren für die afghanische Polizei, so genannte *Regional Training Centre (RTC)*.

Die Lehrinhalte lasen sich wie eine stark ausgedünnte Form der Unterlagen aus dem Kosovo. Der Betrieb des RTC in Kunduz wurde Anfang März 2004 aufgenommen.

Das ausländische Personal im RTC in Kunduz bestand überwiegend aus ehemaligen amerikanischen Polizisten. Einige verfügten bereits über vorherige Verwendungen in anderen Missionen .

Entsprechende Erfahrungswerte beim Aufbau der afghanischen Armee lagen nicht vor, waren nicht bekannt oder wurden nicht veröffentlicht.

Die Wehrersatzpflichtigen machten teilweise bis zu 50 % der Personalstärke auf einzelnen Dienststellen aus.

Etwa 50 % bis 60 % der Angehörigen der einfachen Laufbahn und in geringem Umfang vorhandenen mittleren Laufbahn konnten weder lesen noch schreiben.

Von den Offizieren konnten je nach Testergebnis im RTC 8 % bis 12 % als Analphabeten erkannt werden. Dazu zählten auch Leute, die nur über rudimentäre Lese- und Schreibkenntnisse verfügten.

Im Regional Training Centre (RTC) in Kunduz wurden Ausbildungsvorhaben für Alphabeten mit einer Dauer von 4 Wochen (geplant zunächst 8 Wochen) und für Analphabeten mit einer Dauer von 2 (geplant zunächst 4 Wochen) Wochen durchgeführt, um den Teilnehmern das erste Mal mit dem Begriff Polizei und der Aufgabenwahrnehmung eine Art Identität zu geben.

Nach erfolgter und erfolgreicher Teilnahme erhielten sie persönlich im RTC, soweit noch nicht vorhanden, eine Dienstuniform und einige Ausrüstungsgegenstände (keine Waffen). Die Verteilung über die Dienststellen hatte sich zunächst nicht bewährt, tauchten doch Uniformen und Gegenstände vereinzelt auf den hiesigen Basaren auf.

Neben meinen ständigen Kontakten zu den U.S. - Amerikanern konnte ich zum Leiter des RTC, einem afghanischen General, und seinem Lehrstab Vertrauen aufbauen. Sowohl das Lehrpersonal als auch die Lehrgangsteilnehmer waren immer wieder daran interessiert, etwas über die Arbeit und das Selbstverständnis von Polizisten aus anderen oder fernen Ländern zu hören.

So durfte ich manche Stunde im Unterrichtszelt verbringen, mein Erfahrungswissen weitergeben und mich der Diskussion mit einer Schar motivierter und fragender Teilnehmer stellen. Auch die Art der Unterhaltung schien für viele eine neue Art von Erlebnis zu sein. Statt des gewohnten Frontalunterrichts gestalteten sie die Themen mit und kamen dabei zu interessanten Ergebnissen.

Die Teilnehmer wohnten überwiegend in den Nordostprovinzen und hatten teilweise mühevolle Anreisen hinter sich.

Insbesondere die Bediensteten aus Badakhshan mussten lange Wege zurücklegen. So benötigten zwei Polizisten aus einem entfernt gelegenen Flecken des Wakhan - Distrikts in äußersten Nordosten an der Grenze zu China etwas mehr als eine Woche zum Treffpunkt in der Provinzhauptstadt Feyzabad, um dann mit anderen Kollegen nach Kunduz weiterzureisen.

Vereinzelt erklärten Teilnehmer , die an sich in der Landwirtschaft zu Hause waren, Ackerflächen besaßen und diese bewirtschafteten, sie seien durch einen lokalen War Lord zur Bewerbung für die Polizei „überredet" worden und müssten nun einen Teil ihres kargen Soldes entsprechend abführen. So ließ sich auf Kosten der internationalen Gemeinschaft späteres Personal für eine lokale Milz rekrutieren.

Projekt Alphabetisierung

Entgegen anderslautenden Behauptungen gab es in Afghanistan bisher keinen bekannten und ernst zu nehmenden Versuch eines Projekts in Sachen Alphabetisierung der Polizei.

Ich konnte glücklicherweise eine deutsche nichtstaatliche Hilfsorganisation für dieses Vorhaben gewinnen. Mit Hilfe eines für die Hilfsorganisation tätigen afghanischen Mitarbeiters wurde letztendlich in Zusammenarbeit mit dem Leiter des Pädagogischen Instituts in Kunduz ein tragfähiges Konzept entwickelt, dass den pädagogischen Forderungen und Erwartungen unseres deutschen Geldgebers entsprach.

Konkret ging es um die Vermittlung von Grundkenntnissen und Grundfertigkeiten in Lesen, Schreiben und Rechnen und um die Deutung von Texten.

In Hinsicht auf Lehrgangsdauer mussten wir einen Kompromiss schließen zwischen den pädagogischen Erfordernissen und den personellen Möglichkeiten der jeweiligen Dienststellen im Bereich der Stadt Kunduz.In Übereinstimmung aller Beteiligter wurde als Mindestansatz der Zeitraum von drei Monaten gesehen.

Zunächst sollte zentral am Pädagogischen Institut unterrichtet werden. Das Lehrpersonal wurde vom Pädagogischen Institut gestellt. Die Teilnehmer erhielten jeweils ein Schulbuch, ein Schreibgerät und entsprechendes Papier, so dass sie zusätzlich in der Lage waren, entsprechende Hausaufgaben zu fertigen und darüber hinaus in Eigeninitiative ihre Kenntnisse zu vertiefen oder zu erweitern.

Da saßen sie nun zusammen in einem Klassenraum: Die jungen Mitarbeiter und ihre älteren mittlerweile leicht ergrauten Kollegen. Die Lehrer waren erstaunt und erfreut zugleich über den Eifer, die Auffassungsgabe und die Fortschritte der Teilnehmer. Den Lernenden schien sich die Tür zu einer neuen Welt aufzustoßen. Ältere und Jüngere zeigten keinerlei Scheu, sich gegenseitig zu unterstützten.

Zu Beginn des Kurses variierte die Anzahl der Teilnehmer wegen der teilweise längeren Anfahrtswege oder dem mangelnden Verständnis einiger Dienststellenleiter für die Entsendung zu dieser Veranstaltung.

Ein Gespräch mit dem Ausbildungsleiter der Provinz Kunduz und dem Polizeichef der Provinz brachte den Durchbruch. Wir verlagerten den Unterricht auf die Dienststellen, die Lehrer unterrichteten dort. Es galt von nun an Anwesenheitspflicht für die gemeldeten Teilnehmer und Berichtspflicht für die Dienststellenleiter.

Mittlerweile hatte sich unser Pilotprojekt herumgesprochen, so dass beispielsweise die in Kunduz stationierten Einheiten des Innenministeriums (Bereitschaftspolizei, Überlandstraßenpolizei) ebenfalls mit dem Versuch einer Alphabetisierung für ihre Mitarbeiter begannen. Das Lehrpersonal kam aus den eigenen Reihen. Wie wir erfuhren, gab es in diesen Einheiten auch ehemalige Lehrer.

Die Ausstattung mit Sachmitteln war zwar begrenzt, die eine oder andere Spende wurde dankend entgegengenommen. Insgesamt verzögerte sich der Beginn des Projektes durch die Kampagnen und Vorbereitungen für die anstehenden Präsidentenwahlen und den Wahltag am 9. Oktober 2004. Letztendlich aber war die Botschaft angekommen!

Präsidentenwahl

Die Gesamtkoordination und Durchführung der Präsidentenwahlen lagen bei den Vereinten Nationen, im Bereich Nordost durch das Regionalhauptquartier in Kunduz. Die Vereinten Nationen (VN/UN) führten ihre Tätigkeiten in Afghanistan unter dem Begriff UNAMA (United Nations Assistance Mission in Afghanistan) auf der Basis der UN Resolution 1401.

Für diesen Zweck wurde im Gebäude der UNAMA in Kunduz eine gemeinsame Koordinierungs- und Befehlsstelle eingerichtet. Hier fanden sich neben der UN u. a. die Vertreter der afghanischen Polizei, der afghanischen Armee, des Auswärtigen Amtes, der Bundeswehr und der deutschen Polizei wieder.

Ein weltweit tätiges Consulting-Unternehmen organisierte im Auftrag der UN die Errichtung und den Betrieb der Registrierungs- und Wahllokale und besorgte den Transport der Behälter mit den Stimmzettel in Abstimmung mit der Koordinierungsstelle. Man vermutete etwa 800.000 Wahlberechtigte.

Während ihrer Arbeit in der Fläche fanden die Mitarbeiter von *Global Risk* selbst größere Siedlungen und Ortschaften, die auf keiner Karte oder in irgendwelchen Unterlagen verzeichnet waren!

Für die afghanische Polizei war ein derartiges Ereignis ein bisher unbeschriebenes Blatt, so dass wir in Zusammenarbeit mit den Dienststellenleitern und dem Regional Training Center (RTC) international anerkannte Mindeststandards für die Vorbereitung und Durchführung von Wahlen erarbeiten und vermitteln mussten.

Etwas Ähnliches durfte ich 1996 zusammen mit einem Kollegen aus Anlass der ersten Föderationswahlen in Bosnien - Herzegovina im Auftrag der UN für die örtlichen Polizeikräfte durchführen. Wesentlicher Bestandteil war ein Handzettel, der sowohl in schriftlicher als auch bildhafter Darstellung als Handlungsempfehlung und Anleitung diente.

Im Zentrum von Kunduz standen für den Zeitraum der Wählerregistrierung zwei Zelte – eines für Frauen, das andere für Männer. Wie auch in anderen Bereichen des Nordostens lag die Quote bei den Frauen zwischen 45 und 50 Prozent aller Registrierungen und deckte sich später mit der Teilnahme an den Wahlen.

Der Wahltag selbst verlief ohne nennenswerte Schwierigkeiten, ebenso der Transport der Boxen mit den Stimmzetteln zur zentralen Auszählung im Gebäude des Pädagogischen Institutes in Kunduz.

Nicht unerwähnt bleiben sollte, dass mit Hilfe internationaler Organisationen Anfang August 2004 in Kunduz im gleichnamigen Hotel eine Frauenkonferenz stattfand, die sich unter anderem mit den Möglichkeiten eines neuen und veränderten Rollenverständnisses nach dem Sturz der Taliban beschäftigte.

Den Taliban war es während ihrer knapp 5-jährigen Herrschaft nie gelungen,die Provinz Badakhshan und den überwiegenden Teil der Provinz Takhar zu besetzen. Hier übte die Nordallianz, unter ihnen einer der charismatischen Mudshaheddin–Führer mit Namen Ahmad Sha Massoud, ihre Macht aus. Es gab weiterhin Unterricht und ein Bildungsangebot für beide Geschlechter, so dass Berichten zufolge der Bildungsstand allgemein höher zu sein schien als in anderen Landesteilen.

Gewalt, Anschläge und Sterben

Kommt der Reisende nach Kabul, wird er unweigerlich auf den Massoud–Kreisel stoßen. Diese Verkehrseinrichtung hat riesige Ausmaße sowohl vom Querschnitt der Anlage als auch von der Größe des Denkmals für den Nationalhelden.

Ahmad Sha Massoud musste seinen Kampf gegen die Taliban letztendlich mit dem Leben bezahlen. Der als *Löwe von Panjshir* bekannte Mann wurde am 8. September 2001 fernab seines Heimattals Opfer eines Attentats im Gästehaus des Gouverneurs in der Ortschaft Khodja Bahauddin im Nordwesten der Provinz Takhar nahe der Grenze zur Provinz Kunduz. Der als Fotograf getarnte Attentäter hatte sich Zutritt verschafft und anschließend die tödlichen Schüsse abgefeuert. Massoud starb einen Tag später, wenige Tage nach seinem Geburtstag und zwei Tage vor dem 11. September.

Botschaftsgebäude, Militäreinrichtungen, Anlagen von Sicherheitsfirmen und ähnliches als mögliche Ziele von Anschlägen erschienen im Kabul des Jahres 2004 durch bauliche Vorkehrungen und zusätzlichem Wachpersonal ausreichend gesichert.

Dass dies ein Trugschluss sein sollte, wurde Ende April 2004 deutlich, als vor dem Hauptquartier der Firma DynCorp ein in der Nähe des Eingangstores mit Holz beladener abgestellter Lkw angesprengt wurde.

Als Folge gab es einige Tote und viele Verletzte. Unter den Toten befand sich auch ein amerikanischer Kollege, mit dem ich in Kunduz am RTC zusammengearbeitet hatte. Er ließ sich nach Kabul versetzen. 48 Stunden nach unserer letzten Treffen in Kunduz starb er bei dem Anschlag.

Der Tod verschonte auch unseren unmittelbaren Einsatzbereich nicht. Eine chinesische Straßenbaufirma hatte Mitte 2004 mit dem Ausbau der Landstraße zwischen Kunduz und Pol-e Komri begonnen und zu diesem Zweck südlich der Stadt Aliabad einen Betriebshof mit Unterkünften errichtet.

Ein Teil der Beschäftigten schlief in Zelten. Nachts erkannte ein Wachmann verdächtige Personen am Lager und machte sich bemerkbar. Daraufhin wurde das Feuer eröffnet. Während des Tatverlaufs schossen die Täter offensichtlich aus Maschinenpistolen in die Zelte und töteten als Folge elf chinesische Arbeiter.

Vor dem Erscheinen der Polizeioberen aus Kunduz durfte man im Nachhinein eine viel versprechende Spurenlage vermuten. Später stießen Verantwortliche der Provinzpolizei Baghlan aus Pol-e Khomri hinzu. Letztendlich erschien noch Leitungspersonal der in Pol-e Komri stationierten Einheit der vom Innenministerium aus Kabul geführten Überlandstraßenpolizei. Somit hatte sich das im Fachjargon genannte *Spurenvernichtungskommando* versammelt.

Als mein in der Ermittlung von Mordsachen erfahrene Kollege und ich später die entsprechenden Tatörtlichkeiten aufsuchen durften, fanden wir eine verheerende Spurenlage vor, soweit man dies als solche noch identifizieren konnte. Sollten Spuren absichtlich verwischt oder beseitigt werden, oder war es die bisher übliche und von geringem oder keinem Sachverstand getrübte Vorgehensweise?

Wie bereits ausgeführt, hatten wir aufgrund des Sitz- und Statusabkommens mit der Islamischen Republik Afghanistan keinerlei Exekutivbefugnisse. Die Ereignisse und die Erkenntnisse aus der Besichtigung des Tatorts einschließlich der nachfolgenden Ermittlungen boten einen interessanten Ansatz für spätere Ausbildungsprojekte.

Das Ereignis hatte mittlerweile zu Fragen der chinesischen Botschaft an die afghanische Verantwortlichen geführt.

Mit sofortiger Wirkung erhielt die Überlandstraßenpolizei den Auftrag zum Schutz des Betriebshofes mit den Unterkünften. Zusätzlich gewährleistete diese Dienststelle den Schutz rund um die Uhr der einzelnen Bauabschnitte.

Weitere Vorfälle dieser Art gab es nicht mehr. Es fiel nur auf, dass nach diesem Vorfall wesentlich mehr einheimische Arbeiter - sogar als Lkw-Fahrer − arbeiteten.

Die Provinzpolizeien durften keine weiteren Maßnahmen treffen. Am Tatort kam es wohl noch in der Tatnacht zu einem Streit zwischen den Verantwortlichen über Zuständigkeiten, da das Betriebsgelände im Bereich zwischen den Provinzen Kunduz und Baghlan lag und der Verlauf der Provinzgrenzen nicht eindeutig festgestellt werden konnte.

Die afghanische Regierung setzte einen Sonderstaatsanwalt ein. Der Inlandsgeheimdienst NDS wurde mit der Durchführung der Ermittlungen beauftragt. Auf Anordnung des Innenministeriums führten besonders geschulte Spezialisten aus Kabul die nachträgliche Tatortaufnahme durch.

Die Toten hatte man zunächst in Leichensäcken ins PRT–Camp nach Kunduz gebracht. Die Identifizierung konnte anhand der Reisepässe durchgeführt werden. Später wurden die Verstorbenen mit Hubschraubern der afghanischen Armee über den Hindukusch nach Kabul transportiert. Anhand des angeblich schon etwas betagten Fluggerätes und des schwierigen Geländeverlaufs sprachen Fachkundige anerkennend über das fliegerische Können.

Die Ermittlungen schienen erste Erfolge zu zeigen. Der NDS hatte ein Reihe von angeblichen Tatverdächtigen festgenommen und überstellte sie dem Sonderstaatsanwalt. Interessant – auch für die Sicherheitslage in unserem Bereich – waren einige Personen, die als ehemalige aktive Mitglieder der Taliban in leitenden Positionen identifiziert werden konnten.

Die Festgenommenen wurden anschließend von Kunduz nach Kabul in die Untersuchungshaft gebracht.

Allgemein war bekannt geworden, dass die Taliban – über ihre örtliche Niederlage oder ihren Rückzug hinaus – weiterhin auf ein Netzwerk von Sympathisanten und Unterstützern aus allen gesellschaftlichen Schichten zum Beispiel in Kunduz und Teilen der Provinz zurückgreifen konnten. Die Taliban insgesamt oder Teile der Organisation mit örtlichen Bezügen schienen sich wieder neu aufzustellen.

Die allmähliche Zunahme von gefährlichen Ereignissen und die einlaufenden Erkenntnisse erweckten nicht den Eindruck, dass wir uns hier auf einer *Pfadfindermission* wähnen durften. Leider schienen unter anderem bei manchen offiziellen Besuchern, die im Rahmen des *Gefechtsfeldtourismus* das PRT–Camp besuchten, die Gesamtumstände ausgeblendet oder als nicht so relevant angesehen worden zu sein.

Diese Schlussfolgerung durfte auch in Betracht gezogen werden, als Ende September 2004 eine Rakete, die offensichtlich aus einer ehemaligen Stellung der Taliban abgefeuert worden war, das PRT-Camp heimsuchte. Hierbei wurde, soweit mir erinnerlich, das Stabsgebäude getroffen und ein Soldat schwer verletzt. Bei einer anderen Flugbahn der Rakete wären vermutlich etliche Verletzte und Tote zu beklagen gewesen.

Die aus Anlass dieses Vorfalls langfristig verstärkten polizeilichen und militärischen Maßnahmen im erweiterten Umkreis des PRT–Camps führten möglicherweise dazu, dass ein weiterer Beschuss nicht zustande kam. Die polizeilichen Verstärkungskräfte verfügten über tiefe Gelände- und Personenkenntnisse. Es fehlten ihnen jedoch geeignete Unterkünfte und Decken. Mit Hilfe von Sach- und Geldmitteln durch die PRT-Beteiligten konnte dieses Problem kurzfristig gelöst werden.

Der Raketenanschlag auf die Bundeswehr und die Tötung der chinesischen Straßenbauarbeiter waren mittlerweile nicht die einzigen Versuche von Gewalt und Einschüchterung. So konnten die Feuerwerker der Bundeswehr an verschiedenen Straßen innerhalb und außerhalb von Städten und Dörfern in oder neben der Fahrbahn versteckte Sprengkörper verschiedenster Bauart und Herstellungsweise entdecken und entschärfen. In der Regel vermutete man restliche Kräfte der Taliban oder mit ihnen sympathisierenden Gruppen hinter den Aktionen.

Nicht unerwähnt bleiben sollten auch der Bombenanschlag auf einen von der Bundeswehr angemieteten zivilen SUV in der Nähe des PRT–Camps. Während der Vorbeifahrt explodierte ein an einem Strommast angebrachter Sprengkörper. Splitter durchschlugen unter anderem die Frontscheibe – hauptsächlich auf der links liegenden Beifahrerseite. Glücklicherweise überlebte der verletzte einheimische Fahrer, da das Fahrzeug als Rechtslenker ausgelegt war.

Ein älterer Mann und ein kleines Kind, die sich zufälligerweise in der Nähe des Strommastes aufhielten, hatten weniger Glück!

Zwei Bundeswehrsoldaten erlitten leichte Verletzungen, als ihr Jeep während einer Patrouillenfahrt auf der Landstraße nahe Kunduz , wie man es mittlerweile umgangssprachlich bezeichnete, *angesprengt* wurde.

Grenzerfahrungen

In und aus Badakhshan gab es ernst zunehmende Hinweise, dass Reste der 29. Division sich der Auflösung und der Waffenabgabe im Rahmen des DDR-Programms widersetzten. Einige Offiziere gründeten lokale Milizen und errichteten in den unzugänglichen Gebieten eine parallele Herrschafts- und Sicherheitsstruktur.

Aufgrund der unzureichenden Verkehrserschließung und der mangelnden Ausstattung an Kommunikationsmitteln konnte die Provinzpolizei nur in einem begrenzten Radius um Feyzabad sicher operieren. Die weiter entfernt liegenden Distrikte zeigten sich als eigene kleine Welten. Die Bevölkerung schien der Willkür der örtlichen Kriegsfürsten ausgesetzt. Hier galt es gegenzusteuern.

Auch der Gouverneur der Provinz musste sich dem Fehlen einer zeitgemäßen Infrastruktur beugen. Der Eröffnung einer Flussbrücke nach Tadschikistan im Norden der Provinz konnte er nur zeitgerecht beiwohnen, weil er den östlich von Feyzabad gelegenen Grenzübergang Eshkashem nutzte und dann seine Fahrt auf der gut ausgebauten Landstraße im benachbarten Grenzland fortsetzte. Somit betrat er seine Provinz vom Nachbarland aus über die einzuweihende Brücke!

Eine besondere Aufmerksamkeit erforderten hauptsächlich das Grenzland nach Tadschikistan und Streckenabschnitte mit Pakistan. Wie bereits erwähnt, war die Grenzsicherung vor 2002 Aufgabe des Militärs. Nunmehr wechselte die Zuständigkeit in den Bereich des afghanischen Innenministerium und wurde Teil einer neuen polizeilichen Aufgabenwahrnehmung.

Beim Personalzuschnitt erkannte man hier ebenfalls den offenkundigen Versuch, möglichst viele ehemalige Soldaten in den Einheiten zu behalten um sie dem DDR–Programm zu entziehen. Eine fachliche Qualifizierung war nicht vorhanden.

Die Grenzpolizei unterschied sich nicht von anderen Teilen der Polizei insgesamt; sie musste personelle Altlasten abwerfen, sich gesundschrumpfen, neues Personal gewinnen, entsprechende Aus– und Fortbildungsmaßnahmen entwickeln, betreiben und darin kontinuierlich fortfahren.

Das Hauptquartier der 8. Brigade Grenzpolizei saß in der Stadt Taloqan , Provinz Takhar. Die drei unterstellten Bataillone lagen jeweils in den Grenzprovinzen Kunduz, Takhar und Badakhshan

Das Hauptquartier des 1. Bataillons (Provinz Kunduz) fanden wir in Enam Saheb unweit des Panj-Flusses, der die Wasser- und Landesgrenze zu Tadschikistan bildet.

Der Name des Flusses ändert sich dann weiter westlich etwa in Höhe der Einmündung des Kunduz Flusses in Amur Darya, auch als Oxus bekannt. Dieser Grenzfluss kommt aus dem Pamir Gebirge, bildet die Nordgrenze Afghanistans, passiert hinter Tadschikistan noch Uzbekistan, erreicht Turkmenistan und verzweigt danach innerhalb dieses Landes.

Enam Saheb gilt als der Geburtsort des ehemaligen zweifachen afghanischen Ministerpräsidenten (1993, 1996) Gulbuddin Heckmatyar, der sich mit seiner Partei des Islams (Hisb–i Islam) nach dem Ende der Talibanherrschaft dem Dhihad gegen die USA anschloss.

Es hielt sich zu unserer Zeit das hartnäckige Gerücht, das der Pashtune aufgrund seines familiären Netzwerkes noch über gute Kontakte in seinen Geburtstort verfügen sollte und in Abständen zwischen Enam Saheb und Ostafghanistan reisen würde.

Das Stabsgebäude befand sich in einem auffallend guten Zustand. Die Innenausstattung entsprach dem üblichen dürftigen Standard. Allerdings fehlte die in der Regel vorhandene Funkstation.

Erst nach längeren Nachfragen durften wir mit dem als Bataillons–Kommandeur bezeichneten Verantwortlichen sprechen. Der Kommandeur residierte in seinem Privathaus und verfügte über mehrere nicht uniformierte Begleiter, die den Eindruck einer Leibwache erwecken sollten.

An einem als Funkraum bezeichneten Ort entdeckten wir neben dem üblichen dienstlichen Funkgerät noch andere auf Betrieb laufende Funkgeräte. Es ließ sich nicht der Eindruck vermeiden, dass dieses Hauptquartier möglicherweise Mittel und Möglichkeiten der Grenzpolizei zu lukrativen Nebenbeschäftigungen nutzte.

Der Übergang Shir Khan lag westlich von Enam Saheb. Eine frei fahrende Flussfähre beförderte hauptsächlich Tanklastzüge in Richtung Afghanistan. Ab und zu setzte die Fähre Pkw und kleinere Lkw in Richtung Tadschikistan über. Die afghanische Grenzpolizei betrieb ein flach gehendes Patrouillenboot. Das Boot wechselte manchmal über die Flussmitte hinaus bis ans andere Ufer, verhielt dort kurz am Anleger und kehrte anschließend mit oder ohne Passagiere zurück. Was sonst noch an Bord blieb oder geschah ‚ließ sich nicht weiter feststellen – allenfalls unterstellen.

Wie bereits erwähnt oder jetzt anzumerken, gab es in den Provinzen Kunduz und Taloqan zwar Flussfähren, der Fluss an sich war aufgrund der Sandbänke, Untiefen und fehlenden Baggerarbeiten als durchgehender Schifffahrtsweg nicht nutzbar.

Wir erfuhren später, dass mit internationaler Hilfe nahe des Fährübergangs eine Brücke gebaut werden sollte. Grenzpolizei und Zoll konnten somit unmittelbar am Grenzübergang tätig werden. Bisher fand eine Zollkontrolle vor Ort nicht statt.

Irgendwo versteckt in einer Seitenstraße in Kunduz sollte es eine Zolldienststelle geben. Internationale Geldgeber für den Brückenbau hatten das Büro entdeckt. Aber irgendwas und irgendwer ließen bisher eine Tätigkeit am Übergang Shir Khan nicht zu. Die Grenzpolizei erledigte alles vor Ort.

Hoffnung konnte sich auf jeden Fall die lokale Bevölkerung über die Wiederbelebung des kleinen Grenzverkehrs oder des Grenzhandels machen, wohnten doch zu beiden Seiten des Flusses Angehörige der tadschikischen aber auch usbekischen Volksgruppe.

Das 2. Bataillon der Grenzpolizei (Provinz Takhar) wurde vom Hauptquartier in der Ortschaft Khodja Bahauddin geführt. Das Stabsgebäude lag auf einer Höhe unweit der fruchtbaren Ufermarsch des Panj Flusses. Das Gebäude war renovierungsbedürftig, und es stellte sich im Gesamtbild die Frage, wer hier eigentlich arbeitete oder arbeiten sollte.

Zumindest war dienstlicher Funkkontakt zum weiter entfernten Hauptquartier der 8. Brigade in Taloqan möglich.auf dem Hof des Hauptquartiers als auch im näheren Umfeld standen noch alte (angeblich funktionstüchtige) Geschütze und die Reste ausgeschlachteter gepanzerter Fahrzeuge.

Das Gästehaus des Gouverneurs, in dem Ahmad Sha Massoud 2001 ermordet wurde, lag neben dem Hauptquartier und bildete einen Kontrast zum schäbigen Zustand der polizeilichen Liegenschaft.

Das Gästehaus wirkte in seiner Umgebung wie eine Art Schrein. Man konnte von dem erhöhten Standort des Gebäudes aus einige Kilometer nach Tadschikistan hinein sehen und sich die in regelmäßigen Abständen aufgestellten Wachtürme ansehen.

Entlang des gesamten Grenzverlaufs mit Afghanistan führte eine noch aus Sowjetzeiten stammende gut ausgebaute Straße, so dass die einzelnen Grenzabschnitte schnell erreicht und verstärkt werden konnten. Das Gelände zu beiden Seiten des Flusses ähnelte sich.

Eine derartige Straße oder auch nur Ansätze eines strukturierten Wegenetzes fehlten auf afghanischer Seite. Als Orientierungspunkte dienten alte Schmuggler– sowie Handelspfade, als auch grenznahe Örtlichkeiten von lokaler Bedeutung.

Zudem gab es keinerlei feste Beobachtungsposten und Unterkünfte – von Dienstfahrzeugen ganz zu schweigen. Die Einheiten, soweit sie denn tatsächlich existierten und arbeiteten, lagen verteilt entlang des Grenzabschnittes und erreichten oder verließen ihren Tätigkeitsbereich durch tägliche Fußmärsche.

In Bezug auf Bewaffnung schwieg man sich aus. Bemängelt wurde allgemein das Fehlen entsprechender Winter- und Regenbekleidung. Hier konnte nur noch bedingt auf Restbestände aus Armeezeiten zurückgegriffen werden. Vieles war im privaten Bereich verschwunden oder gehörte nunmehr zum Bestand lokaler Milizen.

Die einzige offizielle Grenzübergangsstelle in der Provinz Takhar nahmen wir in der Ortschaft Dasht-i Qala mehrere Kilometer westlich des Bataillons–Hauptquartiers in Augenschein.

Das Gebäude der Grenzpolizei lag einige Hundert Meter entfernt von der Fähre auf einer Anhöhe an der Zufahrtsstraße. Direkt am Fährübergang betrieb das Finanzministerium einen Zollhof. Auf einem abgezäunten Teil dieses Geländes standen mehrere hochwertige Limousinen deutscher Hersteller, darunter auch Fahrzeuge mit russischen Kennzeichen. Fragen zu stellen war zwecklos, man lächelte viel sagend und schwieg.

Die Seilzugfähre wurde über einen Traktormotor angetrieben und beförderte unter anderem fabrikneue Traktoren und Maschinenteile aus Tadschikistan. Die Afghanen exportierten nach Tadschikistan hauptsächlich landwirtschaftliche Produkte. Angeblich sollten auch afghanische Bürger in Tadschikistan einer Beschäftigung nachzugehen.

Die Gesamtumstände ließen vermuten, dass über diese Flussquerung ein nicht unbedeutender (lokaler) Grenzhandel abgewickelt wurde. Über den Fluss führte in luftiger Höhe eine Rohrleitung von tadschikischer Seite in ein Tanklager auf afghanischer Seite – wohl ein Relikt aus sowjetischen Besatzungszeiten. Während ihrer Besatzungszeit unterhielten die Sowjettruppen in der Umgebung mehrere Kasernen, unterirdische Lager und einen Flugplatz.

Das 3. Bataillon der Grenzpolizei (Provinz Badakhshan) lag in der Ortschaft Eshkashem am Eingang zum Wakhan Korridor, einem in Ost–West–Ausdehnung etwa 300 km langen Zipfel im Hindukusch zwischen Tadschikistan und Pakistan mit einem kurzen Grenzverlauf zu China im äußersten Osten.

Der abzudeckende Streckenbereich betrug um die 1360 km und stand von Kräfteansatz her in keinem Verhältnis zu den relativ kürzeren Abschnitten in den Provinzen Kunduz und Takhar.

Das Stabsgebäude begrüßte uns mit einer alten noch funktionsfähigen Zwillingsflak auf dem Dach. Zwei dreiachsige Lkw russischer Bauart schienen ebenfalls noch betriebsbereit sein.

Wir waren nach Äußerungen der Beschäftigten dort wohl die ersten ausländischen Polizeibeamten. Die Grenzer schienen sich bereits auf unseren Besuch vorbereitet zu haben, denn unsere Fahrt an den Wakhan Korridor war offenkundig durch Grenzwellensender von der 8. Brigade an das Bataillon mitgeteilt worden. Die Distriktspolizei in Eshkashem nutzte mangels eigener Technik ebenfalls die Funkstelle der Grenzpolizei.

Offiziell waren alle Übergänge nach Pakistan und China geschlossen. Ein Lehrgangsteilnehmer am RTC in Kunduz erzählte von einem angeblich wegen einer Brücke schon Jahrzehnte dauernden Streit zwischen China und Afghanistan.

Wie in den beiden anderen Grenzprovinzen wurden in den meist unzugänglichen Gebieten weiterhin alte Handels– und Schmuggelwege genutzt. Grenzpolizisten wussten von illegalem Grenzverkehr, insbesondere dem Drogen– und Munitionshandel, zu berichten.

Der eigentliche Grenzübergang lag etwas außerhalb der Ortschaft Eshkashem am flachen Ufer. Zwei kleinere Brücken querten den Fluss. Auf afghanischer Seite verschloss ein größeres Tor die Zufahrt. Es fand kein geregelter Grenzverkehr statt.

Der Übergang wurde hauptsächlich von internationalen Hilfsorganisationen als Transportweg für Lebensmittel und andere Hilfsgüter benutzt. Wie bereits erwähnt, war auch der Gouverneur der Provinz Badakhshan gezwungen, über diesen Übergang und das Nachbarland in den unerschlossenen Norden seiner Provinz zu gelangen.

Die Erkundungsreise nach Eshkashem von Kunduz aus führte uns durch Gegenden, die bisher nur wenige ausländische Reisende vor uns gesehen haben dürften. Abgesehen von einem relativ gut zu befahrenden Teilstück innerhalb der Provinz Kunduz (etwa 50 km Asphaltbelag mit leichten Oberflächenschäden und gelegentlichen Schlaglöchern), begannen bereits vor dem Übergang in die Provinz Takhar die schlechten und teilweise fast unwegsamen Straßenverhältnisse.

Die Fahrbahnoberflächen waren geprägt von Schotter, Kiesel, aus dem Fels gehauenem Naturstein und wetterbedingten Auswaschungen. Brücken waren grundsätzlich beschädigt und in Teilen notdürftig mit Panzerplatten ausgebessert. Nur wenige Kilometer Streckenführung ließen einen ungehinderten Begegnungsverkehr zu. In der Regel bediente man sich schmaler Ausweichstellen.

Alle Streckenabschnitte wurden von dreiachsigen schwer beladenen Lkw befahren. Andere Transportträger oder –mittel standen nicht zur Verfügung.

Es gab keine Eisenbahn und keine schiffbaren Flüsse. Der Transport über die Straße führte in der Kombination Straßen- und Witterungsverhältnisse teilweise zu merklichen Verzögerungen, war aber letztendlich zuverlässig.

Der Frachttransport mit Flugzeugen litt unter der fehlenden Kapazität an geeignetem Fluggerät, wurde durch das Wetter erschwert und verteuerte letztendlich die Waren.

Die Lkw–Fahrer waren die wahren Helden der Landstraße, zahlten sie doch einen nicht unerheblichen Blutzoll durch Unfälle und Überfälle und genossen innerhalb der Bevölkerung ein hohes Ansehen. Mit ihren nach unseren Vorstellungen völlig überladenen Fahrzeugen mit überhohem und überbreitem Ladungsvolumen bedienten sie ganz Afghanistan.

Viele Lkw waren reichhaltig geschmückt und verziert und sollten an die Kamelkarawanen erinnern, die in früheren Zeiten durchs Land zogen. Die Kamele trugen Klingel (Englisch: *jingle*) und zeigten den Bewohnern ihr nahes Kommen an. In Erinnerung an die alten Zeiten nannte man die Lkw übersetzt *jingle trucks* .

Lokale Banden versuchten immer wieder, von den Lkw–Fahrern eine Art Straßenzoll in Form von Geld oder Naturalien einzutreiben. So stand ein ehemaliger Armee-General im Verdacht, mit seinen nunmehr ausgemusterten Soldaten den Salang Pass an der Straße von Kabul über Pol-e Khomri nach Kunduz zu kontrollieren. Da diese Strecke auch für den durch Privatunternehmer durchgeführten militärischen und polizeilichen Nachschub lebensnotwendig war, wurde dem kriminellen Umtreiben nach massiven Protesten bei der Zentralregierung ein Ende gesetzt.

Ähnliches galt es auch für Einzel– oder Busreisende zu berichten. Örtliche Gauner entlang der üblichen Reisestrecken ließen nichts unversucht, nach Einbruch der Dunkelheit den Reisenden neben persönlichen Gegenständen auch Geld abzuknöpfen.

Nach Beschwerden von geschädigten Reisenden in unserem Büro in Kunduz über das Nichtstun der örtlichen Polizei konnten wir die Chefs der Provinzpolizeien, der Überlandstraßenpolizei und der Bereitschaftspolizei für ein aktives Einschreiten gewinnen.

Es dauerte nicht lange, dass auch nachts wieder auf den Straßen gereist und transportiert werden konnte. Dabei bewährte sich die verstärkte Anwesenheit und Kontrolltätigkeit der Sicherheitskräfte entlang der Reiserouten.

Der Anmarsch mit der Bundeswehr von Kunduz nach einer Übernachtung im Außenlager Taloqan in Richtung Feyzabad endete zunächst mit einem Reparaturstop in Keshem, der bereits in der Provinz Badakhshan liegenden Grenzstadt zur Provinz Takhar. Die Fahrzeuge der Bundeswehr blieben zunächst in Keshem.

In Keshem nutzten wir den ungewollten Zwischenstopp zur Besichtigung des heruntergekommenen Gebäudes der Distriktspolizei und zu einem Gespräch mit dem Chef der Polizei, bevor wir uns in Begleitung örtlicher Polizei auf den Weg nach Feyzabad machten. Wir benötigten für die 104 km von Keshem nach Feyzabad etwa 5 Stunden und 15 Minuten.

Im Hauptquartier der Provinzpolizei führten wir noch einige Vorgespräche in Bezug auf die Sicherheitslage entlang der beabsichtigten Fahrtstrecke und mit Hinblick auf die Polizeibegleitung nach Eshkashem. Wir übernachteten im Kookcha Hotel, dem Gästehaus der Polizei auf einer kleinen im Kookcha Fluss gelegenen Insel mit Brückenzugang zur Altstadt.

Für die Dusche stand lediglich kaltes Wasser zur Verfügung– warum auch nicht im Sommer. Das Frühstück bestand hauptsächlich aus einem warmen und wohlschmeckenden Fladenbrot in Form eines Surfbretts und heißem Joghurt mit Nussstückchen. Dazu gab es gesüßten Tee.

Nach dem Tagesausflug in das etwa 42 km entfernte Baharak (Fahrtzeit etwa 2 Stunden pro Richtung) zum ehemaligen Hauptquartier des Grenzregiments übernachteten wir diesmal im Camp der Bundeswehr. Mittlerweile waren die am Vortag zurückgebliebenen Kräfte der Bundeswehr eingetroffen.

Unsere Schlafmöglichkeit befand sich in einem alten Gebäude. Eine Reihe doppelstöckiger Betten ließ nur einen sehr begrenzten Raum zwischen den Bettreihen zu. Alle Schlafstellen waren mit Moskitonetzen verkleidet.

Dieser Enge wegen tauften wir die Örtlichkeit das *U–Boot*. Im Falle eines Beschusses und Treffers hätte es kein Entrinnen gegeben! Trotz allem gab es keinen Anlass zur Panik oder zum Klagen; das Camp wurde sukzessive ausgebaut, man musste improvisieren.

Noch vor Sonnenaufgang nahmen wir unseren polizeilichen Begleitschutz auf und setzten uns in Richtung Eshkashem in Bewegung. Den Weg nach Baharak kannten wir vom Vortag. Anschließend lagen noch etwa 105 km nach Eshkashem vor uns.

Die Berechnung der Fahrtzeit von etwa 5 ½ Stunden sollte sich als richtig erweisen. Wir fuhren über enge Brücken, schmale Schotterstraßen und durch breite (im Juli trockene) Furten. Seitliche Schutzplanken gab es nicht. Auf Teilstrecken wurde die Fahrbahn zu den Abhängen hin von ca. 50 cm hohen Steinwällen oder aufgemauerten Feldsteinen begrenzt. Ein Blick in die Tiefe ließ das eine oder andere Mal abgestürzte Zivil- oder Militärfahrzeug erblicken

Hier und da passierten wir kleinere Ansammlungen von Häusern. Sie schienen bewohnt zu sein, die Felder waren bestellt mit etwas Weizen und vermehrt Schlafmohn, letzterer auch *Poppy* genannt.

Es zeigte sich zunächst niemand, bis wir ein Dorf erreichten, in dem zu beiden Seiten der Straßen auf den mit Steinwällen begrenzten Feldern allerlei Betriebsamkeit herrschte.

Etliche Männer und Frauen schnitten an den Schlafmohnpflanzen mit Klingen mehrere vertikale Schnitte in die kugelförmigen Früchte und sammelten die austretende weiße Flüssigkeit in kleinen Behältern.

Einige Personen sahen recht ausgemergelt aus, wusste man doch, dass nicht wenige Bauern und Erntehelfer mittlerweile drogenabhängig waren und auf diese Weise durch die Drogengangs versklavt wurden.

Das mit Kalashnikov-Maschinenpistolen bewaffnete Bewachungsspersonal lugte ab und zu um die Ecke, verhielt sich aber passiv.

Die Blüten des Schlafmohns zeigten verschiedene Farben und erinnerten mit etwas Phantasie an Tulpen. Wir hatten die Pflanze bereits aus Anlass früherer Beobachtungen als *Afghanische Tulpe* umgetauft.

Unsere Durchfahrt wurde bestaunt, man identifizierte uns als Polizei, sah unsere Bewaffnung und schickte uns für einige Kilometer noch einen mehrachsigen Lkw russischer Herstellung als „Begleitung" zur Seite. Mit unserem Satellitentelefon hielten wir die Verbindung zur Operationszentrale der Bundeswehr.

Etwa 1 ½ Stunden vor Eshkashem mussten wir an einer stark beschädigten Brücke halten. Nicht weit davon entfernt konnten wir noch etwas ältere Fragmente einer anderen Brücke erkennen.

Die Schneeschmelzen und die Frühjahrshochwasser der zurückliegenden Jahre hatten den Bauwerken mittlerweile derart zugesetzt, dass eine Überfahrt nicht mehr zu empfehlen war. Der Flusslauf veränderte sich, das Flussbett wurde breiter. Die Brückenreste wirkten fast wie eine künstlerische Installation, verloren in der Fläche als Mahnmal für die Macht der Naturgewalten.

Da offenkundig weiterhin Fahrzeugverkehr von und nach Eshkashem lief, musste es relativ gefahrlose Durchquerungsmöglichkeiten in einem Bereich mit möglichst flachem Wasser geben. Auf der Suche am breiten steinigen Ufer trafen wir einen Mann, der sich gerade anschickte, auf seinem Esel den Fluss zu überqueren.

Dank seiner Empfehlung und unserer geglückten Durchfahrt erreichten auch wir mit unserem geländegängigen Fahrzeug das Ufer und setzten unsere Fahrt zum Zielort fort, ohne nicht etwa 30 Minuten vor Eshkashem in einer kleinen Ortschaft einen bewaffneten Polizisten am Straßenrand aufzunehmen. Seinen Angaben zufolge war er auf dem Weg zu einem mehrtätigen Dienst. Wir setzten ihn an der Dienststelle der Distriktspolizei ab, unterhielten uns in freundlicher Atmosphäre noch ein bisschen mit den Kollegen und fuhren dann weiter zum 3. Bataillon der Grenzpolizei.

Die Reise durch die landschaftlich reizvolle Gegend mit majestätischen Bergen, malerischen Tälern, Wasserfällen, stillen Seen mit Inseln wie Dünen, rauschenden Bächen, abseits liegenden Dörfern mit viel Grün und hohen Bäumen und vieles andere entschädigte die Seele für die Strapazen.

Diese Landschaft brauchte keinerlei Vergleich mit anderen Gegenden auf unserem Planeten zu scheuen. Wir trafen unterwegs Menschen verschiedenen Alters und Geschlechts mit tiefgebräunten und windgegerbten Gesichtern.

Aussehen und Kleidung erinnerten mich an Berichte über Bewohner asiatischer Steppen wie etwa in der Mongolei. Sie entsprachen so gar nicht dem typischen Straßenbild aus anderen Teilen des Landes. Wir wurden wieder daran erinnert, dass sich die Bevölkerung Afghanistans aus unterschiedlichen Ethnien zusammensetzte.

Während der Durchquerung des Flussbettes auf unserer Rückreise zeigte sich beim Wasserwaten der Vorteil eines höher liegenden Luftfilters. Glücklicherweise gerieten nur ein paar Tropfen Wasser in den Filter. Die Sonne trocknete alles wieder. Unser Ersatzfilter, der hauptsächlich für den Einsatz bei besonders staubiger Umgebung gedacht war, wurde nicht gebraucht.

Nach unserer Rückkehr blieben wir noch zwei Nächte in Feyzabad. Unter anderem waren ein Reifenschaden und kleinere Schäden an unserem Fahrzeug zu beseitigen. Wir werteten unsere Erkenntnisse im Rahmen eines Erfahrungsaustausches mit der Bundeswehr aus und trafen abschließende Vorbereitungen für den Heimmarsch nach Kunduz.

Die Befürchtungen des Chefs der Provinzpolizei und des Leiters der UN-Außenstelle sahen wir bestätigt. Aufgrund der unzureichenden Infrastruktur einschließlich der mangelnden oder fehlenden Kommunikationsmöglichkeiten war die Polizei sehr begrenzt einsatzfähig und konnte nur Insellösungen anbieten.

Lokale Milizen nutzten die Sicherheitslücken für ihre Zwecke und konnten sich eine eigene Welt schaffen . Welchen Einfluss der in Faisabad geborene ehemalige afghanische Präsident Burhamuddin Rabbani noch auf die Tagespolitik hatte, ließ sich nur schwerlich beurteilen – letztendlich blieben nur Vermutungen und Gerüchte.

Rabbani wurde im Jahre 1992 nach Beendigung der postsowjetischen Phase zum Staatspräsidenten ernannt und verlegte sein Hauptquartier nach der Machtergreifung der Taliban in seinen Geburtsort, gründete die Nordallianz und führte den Widerstand und den Kampf gegen die Taliban.

In den Augen der internationalen Gemeinschaft blieb er auch während der Herrschaft der Taliban weiterhin anerkannter Präsident des von ihm ausgerufenen Islamischen Staates Afghanistan. Das Amt des Präsidenten übergab er offiziell im Dezember 2001 an Hamid Karzai.
(Nachtrag: Burhamuddin Rabbani wurde 2012 bei einem Anschlag , zu dem sich die Taliban bekannten, in Kabul getötet.)

Wie wir aus Gesprächen mit Ortsältesten in anderen Provinzen erfuhren, wollte man ordnungsgemäß agierende und für die Bürger arbeitende Polizeikräfte in den Distrikten sehen um dem Treiben der Milizen Einhalt zu gebieten.

Die Milizen waren nichts anderes als kriminelle Banden, die vom Schmuggel und Drogenanbau profitierten, die Bevölkerung mit ihren Machenschaften malträtierten und als Geisel hielten.Ihre Tätigkeiten ließ sich mühelos den Kriterien der Organisierten Kriminalität (OK) zuordnen.

Wie in anderen Nachkriegsszenarios auf unserem Globus war es nicht einzusehen, dass nunmehr die früheren (meist fremden) Peiniger und ihre (meist heimischen) Handlanger verschwunden waren und durch andere Peiniger aus der eigenen Bevölkerungsgruppe oder ethnischen Zugehörigkeit ersetzt wurden. Das Leiden unter der Gewalt und Willkür hatte kein Ende gefunden, nur neue (meist lokale) Täter geboren.

Unserer Rückreise von Faisabad nach Kunduz (ca. 245 km/10 Stunden) hatten sich aus Sicherheitsgründen Mitarbeiter einer deutschen Regierungsorganisation mit ihrem Fahrzeug angeschlossen.

Insbesondere für den Abschnitt Taloqan – Kunduz gab es Drohungen in Hinsicht auf die Sprengung einer wichtigen Brücke und eine angenommene Beeinträchtigung der allgemeinen Sicherheitslage im gesamten Einsatzbereich. Die örtliche Polizei stockte den ohnehin vorhandenen kleinen Polizeiposten an der Brücke personell auf, rüstete waffenmäßig nach und verstärkte sichtbar den Schutz an beiden Ufern.

Zudem wurde die Suche nach Sprengsätzen intensiviert. An den übrigen Streckenabschnitten hatte die Polizei ihre Rund–um–die–Uhr–Präsenz ebenfalls erkennbar erhöht. In Taloqan schlossen sich uns Mitarbeiter eine privaten Hilfsorganisation an. Wir überquerten die Brücke in Einzelfahrt ohne Beeinträchtigungen.

...Nach der Rückkehr ins PRT-Camp in Kunduz gab es erstmal einen duftenden Kaffee und ein paar Kekse aus dem inzwischen von zu Hause eingetroffenen *Care Paket.*

Neben dem Fertigen des Dienstreiseberichtes und des Abschlussberichtes über die Reise in Sachen Grenzpolizei hingen wir unseren Gedanken über das Erlebte nach und stellten uns die eine oder andere Frage, unter anderem über die Lebensverhältnisse der Bevölkerung.

Land, Leute und Helfer

Warum wurde in manchen Gegenden statt Getreide vermehrt oder ausschließlich Mohn angebaut? Um ein einigermaßen auskömmliches Leben für die Großfamilie zu ermöglichen, reichten in vielen Landstrichen die Erträge aus den Getreideernte nicht aus.

Dies erschien paradox, denn die Böden waren in der Lage zufriedenstellende Ernten zu erbringen. Allerdings mussten wir lernen, dass der Mohn auch auf Böden und in Gegenden wuchs, die nur schwerlich für Anbau und Ernte von Getreide oder Feldfrüchten geeignet und zudem von außen schwer erreichbar schienen.

Den Preisverfall für Getreide wie Weizen und Reis hatten nach Meinung von nationalen und internationalen Experten auch den Grund, dass beispielsweise das *World Food Programm (WFP)* der Vereinten Nationen hunderte von Tonnen Getreide und Reis als auch große Mengen an Pflanzenöl in das Land schaffte und kostenlos an die Bevölkerung auslieferte.

Ein Großteil der Hilfslieferungen für den Nordosten lief von Tadschikistan über die Grenze bei Eshkashem und landete überwiegend im Verteilungslager in Faizabad.

Mittel–und langfristig erwies sich die fortwährende Fremdversorgung der Bevölkerung als kontraproduktiv für eine ausgewogene Fruchtfolge und ein zufriedenes Leben der Bauern. Auch der Bauer nahm wie die anderen Bürger die kostenlosen Lieferungen des WFP entgegen und wandte sich dem finanziell lukrativen Anbau von Mohn zu.

Gleichwohl führte die Verknappung an Getreide zu nicht unerheblichen Preissteigerungen für diejenigen Teile der Bevölkerung, die nur spärlich oder gar nicht in den Genuss internationaler Hilfe kamen.

Zudem erreichten Teile der Hilfslieferungen nicht immer die Adressaten, sondern fanden ihren Weg in lokale Läden und wurden dort, sehr zum Verdruss der einfachen Leute, zu entsprechend erhöhten Preisen angeboten.

Die afghanische Regierung wollte diesem Problem unter anderem mit einem Fünfjahresplan zur Stärkung der heimischen Landwirtschaft entgegentreten.

Der bereits erwähnte General Daoud erhielt den Auftrag für die Bekämpfung des Drogenanbaus und die Vernichtung der Produkte. Die Regierung würde kostenlos Saatgut an die Bauern verteilen, um so mehr Anreize für die traditionelle Bewirtschaftung zu geben.

Trotz allem gab es Bauern, die hauptsächlich ihre Äckern bestellten, Vieh züchteten, Obstbäume pflegten und ihre Produkte an den Straßen und auf den heimischen Märkten verkauften, aber auch den lokalen Tauschhandel pflegten. Reis, Kartoffeln, Tomaten, Möhren, Salate, Kamel- , Rind- und Schafsfleisch, Orangen, Aprikosen und vieles mehr wurden angeboten.

Diese landwirtschaftlichen Aktivitäten trugen neben der Eigenversorgung auch zur Versorgung weiter Bevölkerungsschichten bei. Oft bedurfte es nicht großer Geldbeträge als Anschubfinanzierung um beispielsweise einen defekten Traktor wieder lauffähig zu machen, einen kleinen Pflug zu reparieren oder zu kaufen oder ein Zugtier anzuschaffen.

Die internationale Gemeinschaft hatte sich in Zusammenarbeit mit lokalen Partnern einige Maßnahmen einfallen lassen, um die Leistungsfähigkeit und den Unterhalt der Bauern durch das Programm *Alternative Livelihood* zu steigern.

Hierzu zählten unter anderem Kleinkredite. Die Bauern galten als verlässliche Kreditnehmer. Insbesondere jüngeren Leute gelang es über solche Maßnahmen, eine Familie zu gründen und zu ernähren. Diese Art von Gründerdarlehen gab es auch für angehende Handwerker, die im Rahmen der Abrüstung der früheren Armeeverbände eine neue Beschäftigung suchten.

...Untersuchungen an Nutztieren, Begutachtungen der Äcker und Auswertung des Wassermanagements führten zu dem Ergebnis, dass die Arbeitsweise vieler Bauern noch tradierten überlieferten Formen entsprach und hierin Gründe für Viehkrankheiten und Viehseuchen als auch geringe Ernteerträge lagen. Zudem boten stehende Gewässer ideale Entwicklungsmöglichkeiten für die Erreger der Malaria.

Der Rundfunksender im deutschen PRT-Camp in Kunduz strahlte zu regelmäßigen Zeiten Beiträge speziell für die Bauern aus. Empfangen werden konnten diese Sendungen unter anderem mit Hilfe von Radios aus einer Verteilungsaktion der Bundeswehr. Den notwendigen Betriebsstrom konnte man mit Hilfe einer Kurbel kostenlos erzeugen, so dass keine zusätzlichen Kosten für Batterien erforderlich waren.

Das U.S.–amerikanische Landwirtschaftsministerium setzte sich mit ihrem Repräsentanten für die Gründung einer landwirtschaftlichen Fakultät an der Universität Taloqan in der Provinz Takhar ein. Bei der Zuweisung des Grundstückes gab es zunächst wohl ein kleines Missverständnis; denn das Stück Land für den Fakultätsbereich lag irgendwo im unfruchtbaren Nirgendwo weit außerhalb von Taloqan. Letztendlich fand sich ein Platz nahe der Universität.

Möglicherweise hätte der unfruchtbare Ort von Thema her zu den Bemühungen der Organisation *ICARDA (International Centre for Agriculture in the Dry Areas)* gepasst.

Diese Organisation war Bestandteil einer wohl 1975 gegründeten international zusammengesetzten und agierenden Beratungsgruppe für Internationale Agrarforschung mit dem Ziel der Bekämpfung der Nahrungsmittelknappheit in tropischen und subtropischen Gebieten, sowie dem Erhalt und der Wiederherstellung der Artenvielfalt.

In der Arbeit fanden sich private Initiativen und Organisationen als auch Regierungsorganisationen wieder. Im Bereich Taloqan zeigten sich erste Erfolge beim Anbau von Getreide in trockenen oder ausgetrockneten Gegenden. Berghänge wurden mit Bäumen bepflanzt und erste Obstplantagen errichtet oder wieder aufgeforstet.

Die Provinz Kunduz mit ihren fruchtbaren Flussauen und einer wasserreichen Flächenbewirtschaftung war vor dem Einmarsch der Sowjettruppen 1979 auch als der *Brotkorb Afghanistans* bekannt. Die Zuteilung des Wassers folgte traditionellen Regeln. Der Wassermeister genoss in den Ortschaften ein hohes Ansehen. Auch hier gab es erste hoffnungsvolle Anzeichen für eine Rückbesinnung auf die ertragreichen und erfolgreichen Zeiten.

Baumwollproduktion und Baumwollverarbeitung, unter anderem in den Provinzen Kunduz und Baghlan , hatten über Jahrzehnte für ein auskömmliches Leben vieler Bauern und Arbeiter gesorgt und die Infrastruktur der Gemeinden positiv beeinflusst. Nach dem durch Krieg bedingten Niedergang begann ein langsamer und behutsamer Wiederaufbau mit Hilfe internationaler Investoren.

An der Zufahrtsstraße zum Flugplatz Kunduz hatten Bauern größere Baumwollfelder angelegt. In Pol-i-Kumri in der Provinz Baghlan liefen bereits wieder die ersten Spinnmaschinen. Einem Herstellerzeichen an einem Fabrikteil war zu entnehmen, das eine (west-)deutsche Firma bereits 1952 Teile geliefert hatte. Tuche und Bekleidung wurden bisher vorwiegend aus Pakistan und China eingeführt und am hiesigen Markt zu teilweise überteuerten Preisen an die ohnehin finanz- und einkommensschwache Bevölkerung verkauft.

So war es nur folgerichtig, die heimische Produktion und Verarbeitung im Rahmen des gesamtwirtschaftlichen Aufbaus wieder anzufahren. In Pol–i Kumri zeigten sich mit der Aufnahme des Schichtbetriebes (ohne Geschlechtertrennung) in der großen Brotbäckerei, dem Betrieb des Zementwerkes und der Produktion von Leitungsmasten in der Betonfabrik hoffnungsvolle Ansätze für die Wiederbelebung der Wirtschaft.

Seit Generationen zogen die Kuchi, auch als Kamelnomaden bekannt, mit ihrem Vieh über traditionell freies Weideland durch Afghanistan.

Es soll vor dem Einmarsch der Sowjettruppen Ende 1979 etwa 2 ½ Millionen Nomaden gegeben haben. Angeblich hatte sich die Zahl durch Unruhen, Krieg und Sesshaftigkeit mittlerweile halbiert.

Aus Anlass eines Besuchs beschwerte sich ein Ältester, dass die sowjetischen Soldaten und die Taliban vorwiegend auf Kamele geschossen hätten. Hinzu kämen auch heute noch Verluste durch Minenexplosionen. Nicht alle Minenfelder oder Ablageorte von Sprengfallen waren bekannt oder geräumt.

Aus der Nähe von Kunduz zog in jedem Frühling der Nomadentreck in Richtung Badakhshan und kehrte zum Ende des Herbstes in das Winterlager zurück.

Die Kamele trugen die gesamte Habe und Ausrüstung der Nomaden. Ein paar Esel unterstützten sie.

Die Kuchi lebten während ihrer Wanderung in großen Zelten nach Art der Beduinen. Großflächige Teppiche bedeckten den Boden. Die Zelte boten ausreichend Schutz vor der Tageshitze und der Nachtkälte.

Das Winterlager war ein kleines Dorf, das während der Reisezeit der Nomaden von Angehörigen verschiedenen Alters und von einzelnen mittlerweile sesshaft gewordenen Stammesangehörigen bewohnt wurde. Die Zurückgebliebenen bestellten Äcker, bauten Getreide und Gemüse an und sorgten mit ihrem Beitrag für den Winter vor. Man verschloss sich hier keineswegs der Moderne – es gab Mobiltelefone, Stromaggregate und Computer.

Während unserer bereits erwähnten Reise von Kunduz nach Faizabad beobachteten wir nahe der Grenze der Provinzen Takhar und Badakhshan den Abbau von Kohle. Einzelne Personen gruben mit Schaufeln und Spitzhacken kleinere Gänge in die Hügel und förderten Kohle zutage, die sie anschließend auf Fuhrwerke und Lastwagen verluden. Auf den Märkten boten sie die in Plastiksäcken verpackte Kohle zum Verkauf an.

Im Kokscha–Tal in Badakhshan wurde bereits seit Jahrhunderten ein dunkelblaues Gestein, genannt Lapislazuli, abgebaut. Diesen Stein verarbeiteten Kunsthandwerker unter anderem zu Figuren oder Schmuck. Aus den bei der Verarbeitung anfallenden Resten und Stäuben fertigten sie dekorative Stücke wie Vasen oder Teller. Der nicht geringe Wert des Lapislazuli ist sicherlich daran zu ermessen, dass der Stein auch bei den Kriegsparteien begehrt war; konnten sie damit doch Waffen und Munition eintauschen.

Lapislazuli stand auch Pate für den Namen eines (internationalen) Restaurants mit Guesthouse in Kunduz. Das Grundstück war mit einer im Lande typischen hohen Mauer umgeben. Die Einlasskontrolle durch örtliche Bedienstete regelt den Zugang. Die täglich geöffnete Lokalität hatte sich mittlerweile zum Treffpunkt insbesondere am Freitagabend für Einheimische, Internationale und Besucher in den Nordprovinzen entwickelt.

Die deutschen Betreiber bildeten im Auftrag einer deutschen Organisation junge Afghanen zu Köchen und Kellnern aus (Training On The Job). Der junge Mann war gelernter Koch, seine nicht weniger motivierte und engagierte Lebensgefährtin kam aus dem Hotelgewerbe. Neben dem Restaurantbetrieb vermieteten die beiden noch einige Zimmer.

Die Visitenkarte des Restaurants zeigte unter anderem einem symbolischen Händedruck unter deutscher und afghanischer Flagge.

Es gab wahrhaft schmackhafte lokale Gerichte oder nach deutsche Rezepten zubereitete Speisen. So durfte ich das erste Mal Gulasch aus Kamelfleisch essen. Dachte man zunächst an eine Art Fata Morgana, so gab es sie ab und zu tatsächlich: Currywurst mit Pommes Frites. Fragen nach Bezugsquellen waren sinnlos. Die Wurst war original und schmeckte auch oder gerade ganz besonders weit weg von zu Hause.

Im übrigen gab es im Kunduz des Jahres 2004 vieles zu kaufen, was im Basar nicht offiziell angeboten werden durfte, wie beispielsweise Wodka oder Kaviar und vieles mehr. Die Grenzen waren nah, die alten Verbindungen schienen noch oder wieder gut zu laufen.

Die häufigen und intensiven Gespräche spiegelten ein interessantes und deutliches Meinungsbild über die Lage in den Nordprovinzen wider und deuteten keineswegs auf ungeteilten Optimismus hin. Dies deckte sich im übrigen auch mit unseren Feststellungen.

Letztendlich boten solche Zusammenkünfte Gelegenheit für eine ungeschminkte Bestandsaufnahme und einen realistischen Blick über den Zaun.

In diesem Zusammenhang gewannen bestimmte Informationen eine nicht unerhebliche Bedeutung, dass die Taliban für die Gefangennahme oder den Tod von Ausländern - insbesondere Soldaten, Polizisten, Entwicklungshelfer - eine Belohnung von 2.000 US-Dollar ausgesetzt hatten.

Während eines dieser freitäglichen Treffen lernte ich den Vertreter einer deutschen Hilfsorganisation kennen, die sich unter anderem mit der Wiedereingliederung ehemaliger Soldaten in das Zivlleben beschäftigte.

Konkret ging es um Projekte für Bauhandwerker. Eines der Ergebnisse aus unserer Erkundungsreise in Sachen Grenzpolizei war – mit Ausnahme der offiziellen Grenzübergänge – das Fehlen fester Dienstgebäude und einer parallel zum Flussverlauf führenden durchgehend befahrbaren Straße entlang des Grenzverlaufs im Vergleich zur tadschikischen Seite.

Wir entwickelten die Idee von leicht zu transportierenden vorgefertigten Bausätzen in einer Werkstatt und dem Zusammenbau vor Ort als Möglichkeit für eine Arbeitsbeschaffungsmaßnahme. So wäre der Zeitraum für den Aufbau einer sichtbaren und möglichst sicheren Grenzpräsenz zugunsten eines schnelleren Sicherheitsgewinns erheblich verkürzt worden.

Im Hinblick auf die zu erstellenden Straße entlang des Flussverlaufs boten sich nach einem Blick ins Gelände ermutigende Lösungsansätze. Als ersten Schritt hätte man Teile der alten Schmugglerwege mit dem Einsatz von Maschinen und begleitender Handarbeit aus den umliegenden Siedlungen und Ortschaften entsprechend herrichten können.

Das Gelände zu beiden Seiten des Flusses unterschied sich nur unwesentlich, so dass schlussfolgernd die Herrichtung der Grenze auf afghanischem Territorium in ähnlicher Weise hätte ausgeführt werden können.

Der Stab der 8. Brigade der Grenzpolizei in Taloqan zeigte ernsthaftes Interesse und entwickelte Vorstellungen für den Grundriss, um eine entsprechende Anzahl von Bediensteten über einen längeren oder wie auch immer definierten Zeitraum ihren Dienst versehen zu lassen. Grundsätzlich handelte es sich um ein Gebäude mit integriertem Beobachtungsturm, Dienstraum, Schlafraum, Küche und sanitären Anlagen.

Letztendlich ähnelte es unserem Grundriss für Polizeistationen, allerdings angepasst an die Bedürfnisse der Grenzsicherung. Durch die geschickte Positionierung der Gebäude entlang der Grenze wären auch die Möglichkeiten einer verlässlichen Funkkommunikation zu den eigenen Kräften und benachbarten Einheiten als auch zu den rückwärtigen Befehlsstellen der Kompanien und Bataillone gewährleistet worden.

Mit den bereits gelieferten leichten Motorrädern, pick up Trucks, Ferngläsern und der Erweiterung der Funkausstattung hätte man – neben der entsprechenden Ausbildung und Fortbildung – sicherlich ein größeren Schritt hin zu einer professionellen Aufgabenwahrnehmung machen können. Die Erwartungshaltung unserer afghanischen Partner war groß und nicht unrealistisch, aber zunächst mussten vorweg formelle mündliche Anfragen geführt und Projektanträge geschrieben werden.

Erste informelle Gespräche und Eigeninitiative auf der Arbeitsebene wurden nicht unbedingt gern gesehen und erweckten irgendwo bei irgendwem den Geruch der Verletzung des Dienstweges oder der Verselbständigung und gerieten unglücklicherweise auch noch in den Geruch der Unprofessionalität.

Direkt vor Ort – oder auch gerade deswegen – lief man Gefahr, doch alles nur aus der *Froschperspektive* zu sehen und nicht das große Bild zu kennen. Hatte da jemand das PRT-Konzept zwar abgenickt aber doch nicht richtig verstanden?

Das Kopieren heimischer Büro- und Organisationsstruktur im Missionsgebiet schien nicht unbedingt geeignet, den besonderen Bedingungen des Einsatzlandes gerecht zu werden.

Trotz der negativen Erfahrungen aus vorherigen oder noch laufenden Missionen nahmen sich einige Herrschaften scheinbar das Recht heraus, die bereits bekannten Fehler zu wiederholen.

Fachliches und organisatorisches Neuland betraten unsere afghanischen Partner Anfang Februar 2005 in Sachen Katastrophenschutz. Der Nordosten hatte jedes Jahr unter den schweren Fluten im Zuge der Schneeschmelze oder aufgrund des enormem Schneefalls unter den verheerenden Folgen zu leiden.

Straßen wurden zerstört, Strom- und Wasserversorgung kollabierten, ganze Landstriche waren von der Außenwelt abgeschlossen. Letztendlich brach das gesamte öffentliche Leben zusammen. Es gab keinerlei strukturierte staatliche Hilfe oder private Initiativen, weder bei Rettungsdiensten noch bei der Reparatur oder der Wiederherstellung der Infrastruktur.

Im Zuge einer Sitzung, zu der auch wir eingeladen worden waren, organisierte sich in Kunduz mit Hilfe der UN, ausländischen Regierungsorganisationen und Vertretern lokaler Behörden erstmals das *Provincial Desaster Response Committee (PDRC)*.

Der Gouverneur der jeweiligen Provinz war im Falle einer ausgerufenen Katastrophe mit Leitungs- und Koordinierungsaufgaben betraut. Der Chef der Provinzpolizei fungierte wie in der Alltagsorganisation als sein Vertreter. Neben den Personalfragen stand die Frage nach einer besonderen Aufbauorganisation für den Katastrophenfall und der entsprechenden Ausstattung und Ausrüstung im Vordergrund.

Es schien sich bei der überwiegenden Zahl der lokalen Teilnehmer die Erkenntnis durchzusetzen, Katastrophen und ihre Folgen nicht als gegeben hinzunehmen, sondern sich aktiv vorzubereiten und im konkreten Fall auch zielgerichtet etwas zu unternehmen. Hierzu mussten alle Kräfte gebündelt und koordiniert eingesetzt werden.

Weiterhin wurde durch Vertreter der internationalen Gemeinschaft dafür geworben, zukünftige Maßnahmen der Infrastruktur auf Umweltverträglichkeit und Schutz vor den Folgen von Katastrophen bereits in der Planungsphase zu überdenken.

Zeit der Ruhe und Besinnung

Neben den vielfältigen dienstlichen Tätigkeiten gab es ab und zu auch eine Zeit der Ruhe.

Nach einem der anstrengenden Tage begann ich eines Abends gegen 19.00 Uhr - auf dem Feldbett liegend - in einem Buch zu lesen und wachte am anderen Morgen gegen 06.00 Uhr wieder auf. Der Körper hatte sich auf eindrucksvolle Weise eine Erholungsphase gegönnt.

Einer der allabendlichen Treffpunkte war das von der Bundeswehr betriebene Messezelt im PRT. Neben den offiziellen und überwiegend formalisierten Lage- und Dienstbesprechungen nutzte man hier die Gelegenheit zu lockeren informellen Gesprächen und lernte sich so besser kennen und verstehen.

Dies half letztendlich auch im täglichen Umgang miteinander, ohne dass der gegenseitige Respekt und die Funktionen verwischt wurden.

Entspannend wirkten auch die *Feiertage*. Der Tag der Arbeit am 1. Mai wurde mit dem traditionellen Aufstellen des Maibaumes eingeleitet. Wir durften unseren in Laubsägearbeit gefertigten hölzernen Polizeistern (damals noch in grüner Farbe) am Maibaum anbringen und gehörten somit zu einem der „Gewerke" im PRT.

Der 4. Juli bedeutete für die Soldaten der U. S. Army die Feier der Unabhängigkeit von der englischen Krone und den Gründungstag der Vereinigten Staaten. Die Angehörigen des Embedded Training Teams für den Aufbau der afghanischen Armee und zivile Vertreter der U. S.-Regierung veranstalteten ein zünftiges Barbecue auf der Freifläche vor dem Messezelt.

Unser Tag der Deutschen Einheit am 3. Oktober begann mit einer würdevollen Zeremonie in einem angemessenen Rahmen und förderte danach als „Stärkung" einige kulinarische Köstlichkeiten aus deutschen Landen zutage. Form und Ablauf fanden bei allen Beteiligten und den geladenen lokalen und internationalen Gästen entsprechenden Anklang.

Lufttransport

Während der 12-monatigen Dienstzeit bestand für uns die Gelegenheit zum Heimaturlaub.

Zunächst einmal mussten wir das Einsatzgebiet verlassen, und zwar über den Flugplatz in Kunduz nach Termez in Usbekistan. Von Termez aus ging es mit einem Airbus der bundeseigenen Fluggesellschaft GAF, die Abkürzung stand für German Air Force, direkt zum Flughafen Köln-Bonn. Die Weiterfahrt nach Hause mussten wir selbst organisieren.

Je nach Wettervoraussage fand der Flug von Kunduz nach Termez am Tage des Abflugs oder aber am Vortage statt, so dass man noch die Gelegenheit zu einer Übernachtung im Lager der Bundeswehr bekam. Vor der Rückkehr ins Einsatzgebiet war auf jeden Fall eine Übernachtung erforderlich. In Termez trafen sich Leute aus „aller Herren Länder" und nutzte diese Gelegenheit zum Erfahrungsaustausch.

Zu Weihnachten 2004 machte die Bundeswehrmaschine auf dem Flug nach Köln-Bonn noch einen Umweg über Tiflis in Georgien. Während des Anflugs war am Boden keinerlei Licht zu erkennen. Alles wirkte schwarz, man sah nur die Konturen der Berge. Plötzlich - wie auf einem für unbewohnt gehaltenen Planeten - tauchte der beleuchtete Flugplatz auf. Nach etwa eineinhalbstündigem Aufenthalt verschwanden wir wieder in der Finsternis.

Dass die Zeitplanung durcheinander geworfen werden konnte, musste ein Kollege zum bevorstehenden Jahreswechsel erleben. Aufgrund der Wetterkapriolen in Afghanistan verschoben sich die Abflugzeiten derart, dass er letztendlich von seinen vorgesehenen 7 Tagen Heimaturlaub lediglich etwa 24 Stunden zu Hause verbringen durfte.

Da gab es noch den vorgesehenen Abflug von Personal aus Faizabad , der sich ebenfalls aufgrund des Winterwetters um mehr als eine Woche verzögerte. Ein Landmarsch bot sich wohl aus vielerlei Gründen nicht an oder wurde nicht in Erwägung gezogen.

Der Flugplatz in Faizabad durfte von militärischer Seite nur mit viermotorigen Maschinen oder mit Helikoptern angeflogen werden. Die damaligen sowjetischen Truppen hatten während ihrer Besatzungszeit eine aus Metallplatten bestehende Landebahn mit einem entsprechenden Vorfeld angelegt.

Während einer der Dienstreisen nach Faizabad landeten wir mit einer viermotorigen Hercules. Die Triebwerke liefen auf Hochtouren im Stand weiter, die Heckklappe öffnete sich, wir verließen im Gänsemarsch das Innere und spürten die heiße Abluft der Aggregate. Zeitgleich wurde die Ladung gelöscht und das Flugzeug wieder zügig und routiniert beladen. Das gesamte Unternehmen dauerte nur wenige Minuten. Schon war die Maschine auf ihrer geringen Reiseflughöhe hinter den Bergen verschwunden.

Die Lademeister in den (auch zweimotorigen) Maschinen waren scheinbar eine besondere Spezies - abgeklärt, den Überblick behaltend und zu Spässen aufgelegt. Während eines etwas stürmischen Fluges gab ein Lademeister eine reife Vorstellung als *Luftkellner* und bot den teilweise mit sich selbst beschäftigten Passagieren etwas zu trinken an, während er Anekdoten zum besten gab. Leider verstanden nicht alle diesen netten Versuch einer Aufmunterung.

Stiller Abschied

Nach einem Jahr hatte die Fliegerei auch für mich ein Ende; denn irgendwann endet jede Auslandsverwendung. Man weiß es schon zu Beginn der Mission, wird dann aber immer wieder durch den vom BMI terminierten Rückflug „überrascht".

Zum Abschied waren einige *Mindeststandards* an festen und flüssigen Gaben für die *Zurückgelassenen* zu erfüllen. Das ging routiniert vonstatten, hatten wir doch schon Erfahrungen aus vorherigen Abschiedsritualen sammeln können.

Hier und da gab`s noch einen Kaffee und ein paar nette Worte. Mittlerweile war auch unser neuer Kollege angekommen und die Einarbeitungsphase begann.

Bevor ich auf dem Flugplatz in Kunduz ins Flugzeug stieg, sah ich ich neben dem Vorfeld das Gerippe des ehemals weißen VW-Käfers ein letztes Mal. Während der vorangegangenen 12 Monate hatte es sich nicht bewegt, viele kommen und gehen sehen und scheinbar allen Widrigkeiten getrotzt. Das erinnerte mich ein bisschen an die Geschichte Afghanistans. So schloss sich der Kreis - irgendwie.

Was blieb waren Erinnerungen an ein gar nicht mehr so fremdes Land, an Begegnungen mit stolzen, freundlichen und erwartungsfrohen Menschen. Wir hatten an die Tür geklopft, sie hatten uns geöffnet und hereingebeten. Wir wagten einen ersten Schritt in Sachen Polizeiaufbau, ohne uns von unserer Umgebung und den Ereignissen abzukoppeln. Wir saßen mit am Tisch auf dem großen Bild.

Nach der Ankunft in Deutschland gab es in wohl dosierter Abstimmung die übliche dienstliche Abwicklung mit Debriefung, Abschlussuntersuchung und Nachbereitungsseminar. Hatten Körper und Seele während des vorangegangenen Jahres Schaden genommen?

Verabschieden möchte ich mich mit einem im Jahr 2006 erschienenen Zeitungsartikel aus den USA und meiner Lesermeinung auf einen Artikel aus dem Magazin STERN in 2009. Letzteres sollte auch das Schlusswort sein. Die abschließende *Nachbetrachtung* schließt einige meiner Erkenntnisse aus anderen Auslandsverwendungen mit ein.

Afghanistan ohne Polizei (USA 2006)

Während meines Aufenthaltes in Kundus lernte ich am dortigen Regional Training Center (RTC) einen engagierten U.S.-amerikanischen Polizeikollegen kennen. Im Jahre 2006 schickte er mir den im gleichen Jahr in einer amerikanischen Zeitung erschienenen kritischen Artikel über Polizei- und Militäraufbau in Afghanistan zu.

Insbesondere stellte der Verfasser/die Verfasserin die Unterschiede und Anforderungen beim Aufbau und der Aufgabenwahrnehmung der Polizei im Vergleich zur Armee dar und machte dies an den unterschiedlichen Ansätzen der Hauptprotagonisten USA und Deutschland sowie Erfahrungen aus anderen Missionen deutlich. Diese vorgetragene inneramerikanische Sichtweise verdeutlicht meines Erachtens ein Teil des (damaligen?) Problems und dürfte in Teilaspekten auch heute noch aktuell sein. Insbesondere taucht die Frage auf, warum die Polizisten nach der Ausbildung nicht weiter in der Praxis betreut wurden, da sie vor Ort wieder Opfer oder Täter in Sachen Korruption, Menschenrechtsverletzungen und vieles mehr werden würden.

Ich habe versucht, den Artikel in ein möglichst verständliches und flüssiges Deutsch zu übertragen. Dabei ließ sich die eine oder andere etwas deftig wirkende Ausdrucksweise nicht vermeiden.

Cop Out - Why Afghanistan Has No Police
(Zeitungsartikel aus den USA im Jahr 2006,
Quelle nicht bekannt)

BEGINN
Als im Mai in Kabul plötzlich Ausschreitungen begannen , ursächlich nach einem Verkehrsunfall mit tödlichem Ausgang unter Beteiligung des U.S. Militärs, waren die meisten in der Stadt überrascht. Nicht weniger schockierend war das Vorgehen der Afghanischen National Polizei (ANP) gegen die Unruhen. Anstatt gegen den Mob vorzugehen und die Ordnung wieder herzustellen, entfernten, ja flohen, Kabuls Schutzleute von ihren Posten und schlossen sich in einigen Fällen sogar den Plünderern an.

„Die Reaktion der Polizei war außerordentlich beschämend" , bestätigte Jawed Ludin, Chefberater von Präsident Hamid Karzai.

Unglücklicherweise war die traurige Vorstellung der ANP kein Einzelfall, sondern das Spiegelbild eines viel größeren Problems.

Fast fünf Jahre nach der Ablösung der Taliban und mehr als drei Jahre nach dem Fall von Saddam ist die Bush Administration zum wiederholten Mal über ihre Bemühungen gestolpert, effektiv arbeitende Polizeikräfte in einem fremden Land aufzubauen.

In deutlichem Kontrast zu den ermutigenden Ergebnissen beim Aufbau der Armeen im Irak und in Afghanistan schien die einheimische Polizei beim Umbau im Nirgendwo festzustecken, niedergemetzelt von Aufständischen und unterwandert von Milizen und lokalen Machthabern.

Zugegeben, es gibt gute Gründe warum eine Polizei schwerer zu rekrutieren und auszubilden ist als eine Armee.

Das Militär ist hierarchisch strukturiert und zielt darauf ab, in großen Verbänden zu operieren, hat eine Führung von oben nach unten (top-down) entwickelt und nicht von unten nach oben (bottom-up).

Noch wichtiger erscheint, dass eine Armee aufgrund ihres eigentlichen Auftrages in einer gewissen Distanz zur Bevölkerung arbeitet.

Die Armee kann somit konsequenter Weise besser Abstand halten oder isoliert gesehen werden gegenüber den gesellschaftlichen Problemen, seien es ethnische Rivalitäten, Korruption, Günstlingswirtschaft.

Die Polizei ist schwerer von diesen Einflüssen fernzuhalten, arbeitet sie doch in unmittelbarer Nähe zur Bevölkerung.

Aber gerade das ist es, warum Polizei so wichtig ist, insbesondere in der Bekämpfung von Unruhestiftern, wobei der Bedarf, Erkenntnisse zu sammeln und das Vertrauen der Öffentlichkeit zu gewinnen einen Sicherheitsdienst erfordert, der nahe genug an der Bevölkerung arbeitet.

Polizei ist gleichermaßen ein Kernpunkt in einer Demokratie. Weit mehr als Soldaten oder Parlamentarier repräsentieren sie die Staatsmacht, mit der der normale Bürger zuerst in Kontakt tritt. Rechtsstaatlichkeit, Bürgerfreiheiten, Menschenrechte – alle setzen die Existenz einer bestimmten Form von Polizei voraus.

Warum ist die Polizeihilfe im Irak und in Afghanistan so kläglich verlaufen? Wie immer, wenn Bürokratie versagt, gibt es eine große Versuchung unzureichende Ressourcen und fehlerhafte Planung als Schuldursache zu sehen. Sicherlich kann man der Bush - Administration vorwerfen, dass sie oft genug gleichgültig oder desinteressiert gegenüber dem Nachkriegsaufbau ist. Aber es gibt auch Sündenböcke, die es nicht weniger verdienen. Der nähere Blick auf die Anstrengungen in Afghanistan enthüllt eine andere besorgniserregende Dynamik, eine, die vermuten lässt, dass - abseits von allgemeinen Reformen - der Wille zum Aufbau einer Polizei weiterhin ein Schwachpunkt im globalen Kampf gegen den Terror bleiben wird, auch lange nachdem George Bush das Weiße Haus verlassen hat.

Die Geschichte der Afghanischen National Polizei (ANP) begann gegen Ende 2001, als Hamid Karzais Übergangsregierung an die Macht kam und zehntausende schlecht ausgebildete, schlecht disziplinierte und schlecht ausgerüstete Polizisten erbte.

Theoretisch dem Innenministerium in Kabul gegenüber verantwortlich, waren diese Kräfte nur dem Namen nach *national,* sondern vielmehr ein dem Balkan ähnliches Gesindel, dessen Loyalität zu örtlichen Statthaltern tendierte.

Angesichts dieses Durcheinanders versuchte die Bush Administration zuerst, die Angelegenheit jemand anderem zu übergaben. Anfang 2002 erhielt Deutschland die Verantwortung für die ANP als Teil eines Aufbauprogramms für Afghanistan, in dem verschiedene Länder die Verantwortung für die Lösung unterschiedlicher Probleme übernahmen.

Der Gedanke war, dass die Zuweisung eines Problems an ein Land die Verantwortlichkeit für die Lösung stärken würde. In der Praxis erwies sich diese dumme viele Staaten umfassende Vereinigung als Enttäuschung, da die Nationen ihr Mandat in äußerst unterschiedlicher Weise interpretierten.

Während die Vereinigen Staaten ihre Aufgabe im aktiven Aufbau des neuen Militärs sahen, bestanden die Deutschen darauf, sie würden die Polizeireform nur koordinieren.

Daraus resultierend, unternahm Berlin, obwohl es eine Polizeiakademie in Kabul errichtete, keine weiteren planmäßigen Anstrengungen für eine professionelle, landesweite Truppe, die so dringend benötigt wurde – eine Lücke, die die Amerikaner auf Wunsch der Afghanen füllen sollten.

Wie sich herausstellte ist der Aufbau einer ausländischen Polizei für die amerikanische Regierung etwas, für das sie ausdrücklich nicht zuständig und vorbereitet ist. Es ist das Vermächtnis eines im Jahre 1974 durch den Kongress ausgesprochenen Verbots, dass als Folge das für Angelegenheiten der Öffentlichen Sicherheit verantwortliche Büro der Organisation *USAID (United States Agency for International Development)* abschaffte.

Obwohl sich mittlerweile einige Ausnahmen eingeschlichen haben, hat es doch in wachsendem Maße dazu geführt, dass Hilfe für die Polizei zweitrangig geworden ist und eigens zu diesem Zweck verschiedene und unterschiedliche Firmen und Akteure durch die Sicherheitsbranche kreuzen.

Schlimmer noch, die Infrastruktur für die Polizeihilfe besteht aus mehr Bürokratie als aus Leistungsinhalten. Weil Amerika keine eigene nationale Polizei hat, aus der man Personal für Auslandseinsätze gewinnen kann, ist Washington abhängig von Vertragsfirmen wie *DynCorp*, die Polizisten aus den einzelnen Bundesstaaten und Gemeinden anwirbt und diese dann in Nachkriegszonen schickt.

In Afghanistan wurde die Polizeireform dem U. S. Außenministerium mit der Zuständigkeit durch das *Bureau for International Narcotics ans Law Enforcement Affairs (INL)* zugewiesen – trotz des Hinweises, dass die Hauptaufgabe des *Bureau* in der Drogenbekämpfung liege und so gut wie kein Personal für den Aufbau einer ausländischen Polizei zur Verfügung stehe.

Der Plan von INL lief darauf hinaus, die afghanische Polizei so schnell wie möglich durch eine handvoll von *DynCorp* betriebener regionaler Trainingseinrichtungen zu schicken.

Auch wenn sich Washington für diesen Ansatz, einen große Anzahl von Polizisten der ANP in kurzer Zeit „reformiert" zu haben, gratulieren durfte, hatte es kaum einen Einfluss auf ihr Verhalten und ihre Fähigkeiten auf der Einsatzebene, um die es eigentlich ging.

Man würde die Polizei ausbilden, sie dann aber wieder zurück in ein System schicken, in dem niemand sie unterstütze und dass sie wieder in ihre alten Gewohnheiten zurückfallen liesse, erinnerte sich ein Kenner afghanischer Politik.

Ein afghanischer Offizieller verglich dies damit, dass jemand einen Stapel Eiswürfel nach dem anderen herstelle, nur um sie später in einen Bottich mit heißem Wasser zu kippen.

Die Mängel im Plan von INL stachen besonders den U.S. Soldaten ins Auge, die übers Land verteilt eingesetzt waren und jeden Tag mit einer schwachen und korrupten ANP leben mussten.

Früh im letzten Jahr , als ich *(Hinweis: Verfasser dieses Artikels)*, das Provincial Reconstruction Team in Ghazni besuchte, bekannte der Kommandeur, dass er sich die Hälfte seiner Zeit mit der Polizei beschäftigen müsse, obwohl er kein Mandat dafür habe. Die lokale ANP sei einfach zu korrupt und ungeeignet, erläuterte er, und kein anderer würde ihn unterstützen, um das zu ändern.

Ein ähnliche Form von Frustration nagte an der Führung des U.S. Militärs in Kabul, wo der Unterschied zwischen der glanzlosen Vorstellung der ANP und der sich steigernden Fähigkeit der afghanischen Armee wahrgenommen wurde. Letztere, so bemerkten sie, würde weiträumig überwacht, und zwar durch das U.S. geführte Büro für militärische Zusammenarbeit zusammen mit hunderten von amerikanischen Soldaten, die innerhalb der (afghanischen) Armee arbeiteten.

Diese taktischen Trainer stellten ein besonders wichtige Neuerung dar: Leben an der Seite der afghanischen Truppen und Begleitung bei ihre Einsätzen. Sie gewährleisteten dauernde Unterstützung und Mentoring, dienten als Verbindung zu den Koalition-Streitkräften und als Sicherheit gegenüber Missbräuchen.

Mit diesem für sie erfolgversprechenden Modell begannen die Militärs Mitte 2004 um einen neuen Ansatz in Sachen afghanische Polizei zu werben, der es dem U.S. Militär erlauben würde, das Training zu überprüfen wie bereits das der afghanisches Soldaten.

Dies würde nicht nur dazu führen, die großen Ressourcen des Pentagon für die Unterstützung der ANP zu nutzen, sondern auch Personal vorzuhalten, dass das Außenministerium (State Department) fehlte und zeitgleich eine integrierte zivil-militärische Strategie für die afghanischen Sicherheitskräfte zu ermöglichen.

Auch wenn der U.S. Botschafter in Afghanistan Zalmay Khalilazad zustimmte, wurde es vom Außenministerium als ein militärischer Coup gesehen, der heftigen Widerstand entzündete. Die Bühne war frei für die am meisten „frustrierende, bürokratische , kontraproduktive interministerielle Auseinandersetzung, die ich bisher kenne", beschrieb ein U.S. Offizieller den Vorgang.

Der bis heute fortdauernde Streit läuft hinaus auf eine unangenehme Auseinandersetzung der Ideologien und institutionellen Kulturen. Kurz gefasst, INL besteht drauf, dass die Polizeihilfe zivilgeführt bleiben muss, und dass die Einbindung des Pentagon das Programm zu „militarisieren" droht.

Anstatt den Aufbau der ANP auf Rechtsstaatlichkeit und Menschenrechte auszurichten, wird das U.S. Militär die afghanischen Polizisten als Hilfskräfte für den Kampf gegen Aufständische umwandeln, warnt INL.

Letzten Sommer nörgelte mir gegenüber ein Beschäftigter :" *Das Verteidigungsministerium versteht im Grunde nichts von Rechtsstaatlichkeit.*"

Das Militär, zusammen mit vielen aus den Führung des afghanischen nationalen Sicherheitsapparates , reagierte und hob hervor - ob man es mag oder nicht - *Afghanistan sei ein Land im Krieg.*

Besonders im Süden und Osten hätten Taliban und andere Aufrührer Polizisten als Repräsentanten der Nationalregierung ermordet. Abgesehen davon, ob Offizielle in Kabul oder Washington die ANP als Kriegsteilnehmer sehen, der Feind behandelt sie als solche.

In der Öffentlichkeit behaupten beide Seiten, sie hätten nun einen annehmbaren Kompromiss gefunden: Ein gemischtes Ausbildungskommando verantwortlich für Armee und Polizei unter der Leitung eines Zwei-Sterne-Generals, aber mit Beteiligung eines INL-Vertreters , der die Aufsicht über die ANP ausübt.

Die Wirklichkeit an der Basis ist jedoch weitaus schlimmer:

Eine Zwangsheirat zwischen Militär und INL, charakterisiert von tiefem Misstrauen und gegenseitigen Schuldzuweisungen auf der Arbeitsebene und sich wiederholenden Geplänkeln über Angelegenheiten wie die Auswahl von Vertragsfirmen, welche Taktiken man der afghanischen Polizei lehren soll und ob Personen in Schlüsselpositionen in der Botschaft oder dem Militärgelände arbeiten sollten.

„INL betreibt dauernd Haarspalterei", beschwert sich ein Offizier. „Die Polizei lehren, wie man auf einen Hinterhalt reagiert: Ist es offensiv oder defensiv? Sie sagen es ist offensiv und sollte nicht gelehrt werden."

Nicht überraschend ist die ANP der größte Verlierer in dieser unglücklichen Ehe.

Obwohl seit den vergangenen zwei Jahren einige Reformen dahintaumeln wie zum Beispiel eine Serie von Personalwechseln bei den höheren Dienstgraden der ANP, bleibt die wichtigste Frage unbeantwortet, wie es gelingen soll, auf der Ausführungsebene eine hohe Anzahl von U.S.-Personal in die Polizei einzubauen.

Die Frage stellt sich auch, weil die ressortübergreifende *Agentur Sturm und Drang* (Originaltext) eher auf Kabul und Washington fokussiert ist als auf die Fläche.

Abseits der Ausreden zeigt das Ergebnis , das sich die ANP - ungeachtet ihres tapferen Kampfes in zahlreichen Einsätzen gegen die wieder erstarkenden Aufrührer - allzu oft isoliert, unterbesetzt und schlecht bewaffnet wiedergefunden hat.

Das Versagen der internationalen Gemeinschaft, eine effektiv arbeitende Polizei auf die Beine zu stellen, veranlasste Präsident Karzai, den formellen Aufbau von Dorf-Milizen vorzuschlagen – ein kontroverser Vorschlag, der Bände spricht über die Ernüchterung und Enttäuschung unserer afghanischen Verbündeten, deren öffentliche Glaubwürdigkeit durch die Unfähigkeit, das Land zu befrieden, verschwindet.

Das Problem hier ist nicht , das amerikanische Offizielle schlechte Absichten haben oder selbstsüchtig sind. Andererseits ist die anhaltende Dauer im zivilmilitärischen Streit über die ANP eines der größten Auffälligkeiten.

Eigentlich liegen die Schwierigkeiten innerhalb der U.S. Regierung in der fundamental falschen Ausrichtung von Umfang und Verantwortlichkeit für Polizeihilfen und weitergehend, dass die Institutionen der amerikanischen Außenpolitik einfach für einen derartigen Anlass nicht organisiert sind. Anstatt sich der Notwendigkeit einer schmerzhaften Reform der Bürokratie in Washington zu stellen, haben die U.S. Offiziellen diese Last gänzlich nach Kabul abgeschoben.

Dort - und nur dort - wird von den Leuten erwartet, ihre institutionelle Identität zu missachten, sich von ihrem eigentlichen Mandat loszusagen und dann irgend einen Mechanismus zusammenzubasteln ,um die Mission zu erfüllen. Es gibt nur wenige Persönlichkeiten, die für solche Arbeit geeignet sind. Überwiegend ist das ein untaugliches Rezept.

Diese Regelungen machen noch Sinn, wenn wir überzeugt sind, das die Polizeihilfe in Afghanistan eine außergewöhnliche und einmalige Anforderung wäre, die sich nicht wiederholt. Aber wir haben schwer daran zu schlucken, die Interventionen in der zurückliegenden Dekade wie Irak, Kosovo, Ost-Timor, Bosnien, Haiti aufzuzählen – alle, die irgendeine Art von anspruchsvollem Polizeiaufbau erforderlich machten.

Anbetracht des Kampfes gegen den Terror, besonders wie ihn die Bush Administration definiert hat mit gleich gewichteten Schwerpunkten auf Sicherheit und Freiheit, gibt es gute Gründe zu glauben, das Auslandshilfe für die einheimische Polizei in den kommenden Jahren eher zunehmen als sich verringern wird.

Positiv betrachtet, gibt die Bush Administration mehr Hilfsgelder für die afghanische Polizei aus als jemals zuvor. Aber neue Dienstwagen und renovierte Polizeistationen sind nicht geeignet , die institutionellen Störungen in Kabul oder Washington zu reparieren.

Und nun das Paradoxe: Für absehbare Zeit wird Polizeihilfe eine kritische Angelegenheit für Amerika bleiben; denn die U.S. Regierung wird sich weiterhin derart organisieren, dass sie der Sache nur schadet. Vielleicht hatten jene Afghanen gute Gründe zu randalieren.
ENDE

Leserbrief Magazin Stern 2009

Im Jahre 2009 - nach 1996 ein weiteres Mal in Bosnien-Herzegovina - musste ich im „Stern" einen Artikel über die Arbeit von Bundeswehr und Polizei in Afghanistan lesen, der (nicht nur bei mir) den Eindruck von Oberflächlichkeit in der Recherche als auch in der Schlussfolgerung erweckte.

Lesermeinung an die Redaktion des Magazins Stern
Ausgabe Stern Nr. 39/09, Raus aus Afghanistan
Aber wann und wie ?

Ich stimme den allgemeinen Ausführungen von Christoph Reuter durchaus zu. Die Feststellung, dass Deutschland bei der Polizeiausbildung bislang so kläglich versagt haben soll, zeugt meines Erachtens von geringer fachlicher Tiefe und könnte bei Aussenstehenden durchaus als "Stimmungsmache" wahrgenommen werden können.

Ich durfte 12 Monate als Polizeiberater und -ausbilder in Kundus arbeiten und beurteile meine Tätigkeit (bei aller Selbstkritik) nicht als Teil eines kläglichen Versagens .

Deutsche Polizeibeamte haben in Afghanistan auch Tote, Verletzte und Traumatisierte zu beklagen.

Die Polizeiausbildung sollte eingebettet werden in einen nachhaltig wirkenden Plan zum Aufbau einer staatlichen Ordnung und nicht der Beliebigkeit des politischen Alltagsgeschehens überlassen werden. Die Gesamtumstände verlangen von uns Geduld und Beharrlichkeit – auch gegenüber unseren afghanischen Partnern.

Auch in Afghanistan zeigt sich für uns Deutsche im internationalen Geschäft ein grundlegendes Dilemma: Wir sind gut ausgebildet, haben gute Ideen, verfügen aber über wenig entscheidende Funktionen und verhältnismässig wenig Geld und somit über einen geringeren Einfluss als angenommen oder erwartet.

Der Gefechtsfeldtourismus einiger Medienvertreter und politisch Verantwortlicher scheint mir daher wenig hilfreich.

Anspruch und Wirklichkeit mögen derzeit noch nicht zusammenkommen, ein Rückzug wird uns sehr schnell diese Wirklichkeit und die verpassten oder nicht genutzten Möglichkeiten vor Augen führen. Wir werden danach mit den Folgen leben müssen, für ein Zurück dürfte keine weitere parlamentarische Mehrheit zu finden sein.

MfG Werner Böhmert

Fotografien

1. Abbildung: Panne irgendwo - bei 45 Grad Hitze

2. Abbildung: "Käfer" am Flugfeld Kunduz

3. Abbildung: Dienstfahrzeug nach Sprengmitteleinwirkung

4. Abbildung: Leihfahrzeug nach Sprengmitteleinwirkung

5. Abbildung: Hauptstraße Kunduz 2004

6. Abbildung: Erste Gehversuche im Feldlager Kunduz

7. Abbildung: Sand, Sand, Sand... nördlich Kunduz

8. Abbildung: Reisfelder in der Provinz Kunduz

9. Abbildung: Erste Schlafstelle im PRT

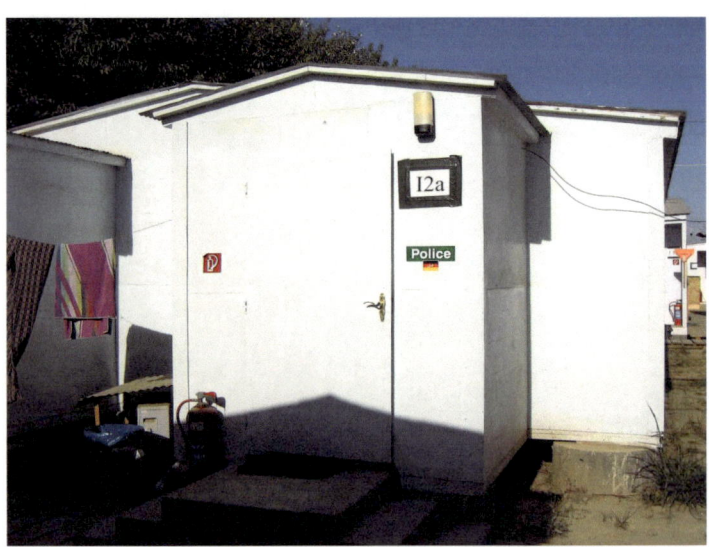

10. Abbildung: Büroeingang mit Feuerlöscher

11. Abbildung: Kolonne überquert Brücke in Badachshan

12. Abbildung: Langsame Fahrt im Sandsturm

13. Abbildung: Auf dem Weg zum Schneider in Taloqan

14. Abbildung: Reisende(r) in der Provinz Takhar

15. Abbildung: Mohn (Poppy) in der Provinz Badakhshan

16. Abbildung: Blick auf den Wakhan Korridor

17. Abbildung: Polizei-Gästehaus am Fluss in Feyzabad

18. Abbildung: Nomaden im aufkommenden Sandsturm

19. Abbildung: Nomadenlager vor Taloqan, Provinz Takhar

20. Abbildung: Bauarbeiten am Polizeihauptquartier Kunduz

21. Abbildung: Schaufelrad der Wasserversorgung Feyzabad

22. Abbildung: Dienstfahrzeug 1. Generation

Nachbetrachtungen

Aus meinen Auslandserfahrungen nehme ich unter anderem ein Problem mit, dass die Polizei oft nur als Appendix der Armee oder internationaler Organisationen und nicht als eigenständige Organisation mit einem entsprechenden Profil angesehen wurde oder wird.

Gerade die Ereignisse in Bosnien – Herzegovina nach 1995 (Ende der Polizeimission im Jahre 2012) und im Kosovo ab 1999 haben verdeutlicht, dass die militärische Befriedung eines Landesteils mit der nachfolgenden Wiederherstellung von rechtsstaatlichen Verhältnissen einen derart komplexen Aufgabenbereich darstellt, dass nur bei einem arbeitsteiligen und von jeweiliger Sachkenntnis geprägten Vorgehen der einzelnen Institutionen ein – wenn auch auf lange Sicht - Erfolg beschieden sein dürfte.

Warum die UN anfangs immer nur von *Civilian Police* und *Law Enforcement Personnel* sprach, lag möglicherweise an dem in New York beim *Department for Peacekeeping Operations der UN* noch nicht wahrgenommenen Zustand, dass nunmehr Polizeibedienstete aus Ländern mit einem nur für diesen Aufgabenbereich rekrutierten eigenen Personalbestand, reiner Polizeiausbildung und originärer Zuständigkeit (z. B. Dänemark, Schweden, Norwegen, Großbritannien, Deutschland, Österreich) zur Durchführung von Exekutivmaßnahmen entsandt wurden.

Der *Code of Conduct for Law Enforcement Personnel*, ein allgemein gehaltener Verhaltenskodex der UN für *alle* Personen, die in *allen* staatlich organisierten Bereichen zur Vollstreckung von Gesetzen tätig sind, erwies sich für die speziellen und engeren Anforderungen an die Polizeiarbeit als wenig praktikabel.

Im Laufe der Zeit entwickelte sich innerhalb der jeweiligen UN-, EU- oder bilateralen Missionen das Bewusstsein, eine eigenständige Regelung für die lokale Polizei *(Code of Conduct for Police)* zu entwickeln.

In Albanien des Jahres 1998 zeigte sich beispielsweise der Umstand, dass die Polizei der Militärgerichtsbarkeit und der entsprechenden Disziplinarordnung unterlag. Zudem hatten viele der höheren Ränge nie eine Polizeiausbildung durchlaufen, sondern kamen als Absolventen der Militärakademie - mangels Verwendungsmöglichkeiten in der Armee - direkt auf ihre hochrangigen Posten bei der Polizei.

Dies alles schien noch ein Relikt aus Zeiten der Diktatur zu sein. Mittlerweile wurde eine funktionierende Polizeiakademie zeitgemäßen Zuschnitts aufgebaut, deren Arbeit beim Innenministerium entsprechende Beachtung fand. Im Kreis des in- und ausländischen Lehrpersonals entwickelten wir einen *Code of Conduct for the Albanian Police*. Zugleich trat ein eigens für die Polizei entwickeltes Disziplinarrecht in Kraft.

Im Rahmen der Ausschreibung von Dienstposten für oder innerhalb von Polizeimissionen, wie beispielsweise IPTF (International Police Task Force in Bosnien-Herzegowina), UNMIK-Police (United Nations Mission Kosovo) , MAPE (Multinational Advisory Police Element) in Albanien) wurden Erfahrungen im *Law Enforcement* vorausgesetzt.

Da dieser Begriff inhaltlich über den der Polizei hinaus interpretiert und ausgelegt wurde, kam es unter anderem im Kosovo zu kuriosen Personalentscheidungen. So landete ein deutscher Ermittler mit Spezialkenntnissen als Wächter im Untersuchungsgefängnis, während die Mitarbeiterin eines Gefängnisses aus einem außereuropäischen Land allen Ernstes als Leiterin bzw. Stellvertreterin einer Polizeistation in die engere Personalwahl genommen wurde.

Ein scheinbar ewig dauerndes und zuweilen schauerliches Spiel ist oder war der Vergleich von militärischen mit polizeilichen Diensträngen. In erforderlichen Fällen auch nachweisbar wurden von den Ministerien der Entsendeländer sogenannte Missionsdienstgrade vergeben , die bei näherem Hinsehen weder durch entsprechende fachliche Unterlagen aus dem Heimatland noch durch die praktische Arbeit im Einsatzland nachgewiesen werden konnten. Das einzige *Dokument* waren glänzende Schulterklappen.

Nun lassen sich Dienstpostenstrukturen der einzelnen Länder nur schwerlich miteinander vergleichen. Gerade deswegen wäre eine sorgfältige Betrachtung von Nöten gewesen.

Auch wenn der frühere Fahrer irgendeines Polizeichefs mit dem Rang einer Oberstleutnants in die Mission geschickt worden war, musst er doch schnell erkennen, dass die Schulterklappen keine fachliche Kompetenz ersetzten.

Hinzu kamen des öfteren Probleme mit der englischen Sprache selbst bei sogenannten Landes- oder Erstsprachlern. Im Trainingscenter mussten oder sollten alle ankommenden Missionsteilnehmer unter anderem einen Englischtest ablegen.

Während wir uns zu Hause sorgfältig vorbereiteten und diesem Test teilweise mit gemischten Gefühlen entgegensahen, schien es einige Herrschaften in keiner Weise zu interessieren. Wie und ob sie den Test jemals ablegten oder bestanden, war in etlichen Fällen nicht nachvollziehbar.

Man wollte es sich wohl nicht leisten, einige „hochrangige" Leute durchfallen zu lassen. Zudem schien ein offenkundig politisches Interesse an der Teilnahme bestimmter Länder, die mit zahlenmäßig starken Kontingenten zum schnellen Kräfteaufwuchs nach dem Motto *Quantität vor Qualität* beitrugen.

Beim Fahrtest ließ sich ein solches Spielchen nur bedingt durchziehen. In einem Fall fielen etwa 50% des Kontingents durch die Prüfung, und die Probanden mussten im Einsatzland (!) private Fahrstunden nehmen, um letztendlich im nächsten Anlauf die Berechtigung für das Führen von Dienstfahrzeugen zu erhalten. Nach Hause gehen zu müssen, wäre eine Blamage sondergleichen gewesen und hätte zu einem Ansehensverlust geführt.

Während meiner Zeit bei den *Internen Ermittlungen* im Kosovo bekam ich einen tiefen Einblick in die Organisation und einen zuweilen ernüchternden Eindruck in das innere Gefüge der Mission mit ihrer zum Teil beklemmenden Außendarstellung. Lediglich 10 -20 % des Personals schienen engagiert im Sinne der Organisation und ihrer definierten Zielvorgaben zu arbeiten. Der Rest beschäftigte sich möglicherweise mit der Status- und Bestandspflege.

Bei allen Reibungsverlusten, die eine international besetzte Mission mit sich bringt und aushalten muss, schien mir der prozentuale Anteil der *arbeitenden Bevölkerung* doch etwas zu gering.

Hinzu kam ein Zustand , der als *Mission in der Mission* oder auch *verdeckte Entwicklungshilfe* umschrieben wurde. Die erforderte auch eine Art *multikulturelle oder interkulturelle Kompetenz nach innen* Es gab Kollegen und Kolleginnen, die beispielsweise aus ihren Heimatländern ein völlig anderes Verständnis von *Bürgerpolizei, Rechtsstaatlichkeit und Arbeitserledigung* mitbrachten.

Sie mussten während ihres Aufenthalts durch einführende und weiterbildende Unterrichtungen als auch durch die praktische Arbeit vor Ort an eine bestimmte Qualität im Sinne des Mandats herangeführt werden.

Sie erhielten über die internationale Gemeinschaft die gleichen Zuschläge wie allen anderen Missionsteilnehmer auch. Mit dem Geld konnten sie ihren Familien daheim ein Auskommen bieten und stiegen in der Achtung ihrer heimatlichen Umgebung, da sie ihr Land im Ausland vertraten und zu Wohlstand kamen.

Heute hier , morgen dort, angenehmes Leben an jedem Ort auf Kosten der internationalen Steuerzahlergemeinde. So schienen über die Jahre einige Leute , auch als *old faces* bekannt, durch die verschiedenen Missionen zu touren und immer wieder ähnliche Positionen in Verwaltung und Exekutive abzugreifen.

Anforderungsprofile und Qualifikationen schienen für interessierte Außenstehende wenig transparent. Hauptsache jeder kannte jeden oder zumindest einen -irgendwie. Wie sagt schon der Volksmund: Beziehungen schaden nur dem, der keine hat.

Man sieht im Laufe der Jahre immer wieder bestimmte Gesichter, ohne dass bei ihnen ein besondere Initiative erkennbar ist . In welchem Land sie sich gerade aufhalten (sollen) scheint zweitrangig.

Diese *Missionshüpfer* zeichnen sich als einer der Sargnägel für jede Mission aus. Das Kosten-Leistungs-Verhältnis tendiert gegen Null. Man bettet sich auf einer selbst definierten Bürokratie oder gräbt sich in überbordenden Vorschriften ein.

So verwundert es nicht, wenn der Europäische Rechnungshof im Jahre 2012 feststellt, dass der Rechtsstaatsmission EULEX im Kosovo unter anderem deshalb kein Erfolg beschieden ist, weil allgemein zu wenig qualifiziertes Personal mit teilweise zu kurzen oder auch zu langer Verweildauer zur Verfügung steht. In die gleiche Kerbe schlägt bereits ein kritischer Artikel in der englischen Zeitung *The Guardian* in der Ausgabe vom 9. April 2011 unter der Überschrift *A shining symbol of inkompetence.*

Im Lauf der Zeit schleift sich die Sensibilität für das Engagement ab, und die Angelegenheit mutiert zum bloßen numerischen Personalnachersatz. Das Berichtswesen nach „oben" hält einen Abgleich mit der Wirklichkeit vor Ort nicht mehr stand. Man fragt sich letztendlich auch, ob und wer eigentlich eine Form von Dienstaufsicht und die Kontrolle über den Mittelabfluss durchführt beziehungsweise gewährleistet.

Aus eigener Erfahrung nehme ich mit, dass wir als deutsche Vertreter in diesen Missionen in der Regel anerkannt gute Arbeit leisteten bzw. leisten, jedoch durch die in Teilen relativ kurze Verweildauer eine Form von *Nachhaltigkeit oder Dauerhaftigkeit* nicht durchgehend gewährleisten können.

Teilnehmer aus anderen Ländern warteten bzw. warten nur darauf, derart interessante Dienstposten abzugreifen , um diese schlussendlich im Rahmen einer *Erbfolge* innerhalb ihres Kontingents zu sichern.

Unsere *deutsche* Seite erschien bzw. erscheint in Teilen manchmal etwas ungeschickt. Ich erwarte eine mehr professionelle und strategisch ausgerichtete Personal- bzw. Kontingentsplanung. Bei allem *Internationalismus* verschwinden nationale Interessen keineswegs.

Der Hinweis, man habe doch schon einige Leute in führenden Positionen, erweist sich bei näherem Hinsehen in Teilen als eine mehr numerisch basierte Aussage und weniger als eine solche mit der Möglichkeit an den Stellschrauben etwas qualitativ bewegen zu können oder zu wollen.

Der Hang, nur nicht aufzufallen, herauszuragen oder gar zu dominieren, führt letztendlich dazu, dass man gar nicht mehr wahrgenommen wurde und zur Arbeitsbiene verkümmerte. Jede Einheit war stolz auf *ihre(n) Deutsche(n)*.

Ein nettes Spielchen war auch der Diskriminierungsvorwurf. So behauptete im Kosovo ein Kollege, er sei wegen seiner Hauptfarbe diskriminiert worden.

Der Anlass lag in der Zurückhaltung bei der Arbeitserledigung des(angeblich) Diskriminierten verbunden mit der Bitte seines (deutschen) Vorgesetzten sich der positiven Dienstauffassung der übrigen Kollegen anzuschließen.

„Deutschland" fürchtete Ärger im diplomatischen Raum und schickte unseren Kollegen im vorauseilenden Gehorsam nach Hause, ohne dass der Vorwurf vor Ort von der Abteilung Interne Ermittlungen durchermittelt werden konnte. Der Kollege fühlte sich zweierlei gebrandmarkt, und zwar zu Hause mit dem Ansehensverlust und bei der UN als derzeitiger und zukünftiger unerwünschter Missionsteilnehmer.

Auf den freiwerdenden Dienstposten bewarb sich *zufälligerweise* der vorherige Beschwerdeführer . Er erhielt diesen Posten aber nicht, da im Rahmen der so genannten *National Balance* eine derartige höher bewertete Tätigkeit nicht vorgesehen war.

Schlussendlich ließ sich der Beschwerdeführer versetzen oder wurde versetzt. Der Posten wurde an ein anderes Land vergeben, der eigentlich qualifizierte vorherige Vorgesetzte war mittlerweile zu Hause.

Deutschland hatte ohne Not einen Dienstposten abgegeben und fand sich mit einer Vertreterposition irgendwo im organisatorischen Nirvana wieder.

Möglicherweise auf der Basis dieser einschlägigen Erfahrungen gingen Ministerium und Kontingentsleitung später etwas gelassener mit solchen Vorfällen um und warteten in Einzelfällen erst einmal die Ermittlungsergebnisse ab.

Meine Nachbetrachtungen zielen auf grundsätzliche Probleme - aber auch Chancen – auf dem internationalen Feld der Polizeimissionen, die immer im Kontext mit den politischen Ereignissen und Zielen sowie in Nachbarschaft mit Militär, Justiz und Verwaltung zu sehen sein dürften. Beispiele aus einzelnen Einsatzgebieten stehen an sich exemplarisch für jede Mission – auch und gerade auch in Afghanistan

Wie bereits erwähnt, die allzu euphemistisch dargestellten Zustände und Fortschritte seitens der Verantwortlichen vermitteln oft nicht den wahren Zustand vor Ort. Die Jahre 2004 bis 2012 scheinen sich in zentralen Punkten nicht wesentlich zu unterscheiden.